KB266584

흐르는 물처럼

흐르는 물처럼

초판 1쇄 | 2026년 4월 20일 펴냄

지은이 | 천명선
북디자인 | 루디아153

펴낸 곳 | 도서출판 훈훈
주소 | 경기도 고양시 덕양구 소원로267
이메일 | toolor@hanmail.net
홈페이지 | blog.naver.com/toolor
인스타그램 | @hunhun_hunhun

흐르는 물처럼

천명선 지음

환

이 책은 주님과 함께한 내 삶의 간증이요
(This is my story),
주님께 올려드리는 감사의 찬양이기도 합니다
(This is my song).

찬송가 288장에 담긴 귀한 고백을,
저 역시 주님께 올려드립니다.

"이것이 나의 간증이요, 이것이 나의 찬송일세.
나 사는 동안 끊임없이 구주를 찬송 하리로다"

천명선 장로님의 수필집 「흐르는 물처럼」 출간을 진심으로 기쁘게 생각하며, 하나님께 먼저 감사와 영광을 올려드립니다.

저는 약 25년 전, 한소망교회에서 천명선 장로님을 만났습니다. 그 이후로 오늘에 이르기까지 장로님은 한결같은 믿음과 따뜻한 품성으로 교회를 섬기시며 많은 이들의 존경을 받아 오셨습니다. 사람 앞에서 자신을 드러내기보다 주님의 마음을 닮고자 애쓰며, 맡겨진 자리에서 조용히 충성하시는 모습은 참으로 귀하고도 아름다웠습니다. 천명선 장로님을 떠올리면, 먼저 화려함보다 진실함이, 말의 무게보다 삶의 향기가 느껴집니다. 비전채플 건축 현장에서 풍겼던 장로님의 땀 냄새가 천국의 향기로 다가옵니다.

장로님은 좋은 일이 있어도, 감사한 일이 있어도, 오래 기억하고 싶은 순간이 있어도 늘 그것을 글로 남겨 오셨습니다. 그 글들은 단지 지나가는 일상의 기록이 아니었습니다. 믿음으로 삶을 해석한 고백이었고, 은혜를 잊지 않으려는 감사의 흔적이었으며, 하나님께서 자기 삶 가운데 어떻게 일하셨는지를 조용히 되새기는 신앙의 메모였습니다. 병석을 찾아간 목사를 위로하고 외려 목사를 안쓰러워하는 품성 거인이었습니다. 그렇게 한 줄 한 줄 써 내려간 마음들이 모여, 이번에 훈훈출판사를 통해 한 권의 책으로 엮이게 되었으니 참으로 뜻깊고 감사한 일입니다.

책 제목 「흐르는 물처럼」은 장로님의 삶과도 많이 닮아 있습니다. 흐르는 물은 소리를 높이지 않지만 쉼 없이 자기 길을 갑니다. 낮은 곳으로 흐르며 메마른 곳을 적시고, 때로는 바위를 돌아가면서도 결국은 제 길을 잃지 않습니다. 저는 천명선 장로님의 신앙도 그러했다고 생각합니다. 서두르지 않으나 멈추지 않았고, 요란하지 않으나 깊이가 있었으며, 자신을 드러내기보다 다른 이를 살리는 방향으로 흘러왔습니다. 그것이야말로 참된 신앙인의 모습이며, 주님 안에서 오래 다듬어진 믿음의 결이라고 믿습니다.

이 책을 읽는 독자들도 장로님의 글을 통하여 주님의 향기를 맡게 되리라 믿습니다. 일상 속에 숨어 있는 은혜를 발견하는 눈, 작은 일에도 감사하는 마음, 평범한 하루를 하나님과 함께 살아내는 기쁨이 이 책 곳곳에 배어 있기 때문입니다. 세상이 점점 더 거칠어지고 마음들이 메말라 가는 때에, 이 책은 독자들에게 조용하지만 분명한 위로를 전해 줄 것입니다. 무엇보다도 "감사로 살아가는 신앙이 얼마나 행복한가"를 다시금 일깨워 줄 것입니다. 그래서 이 책을 읽는 많은 분들이 삶의 분주함 속에서도 은혜를 기억하고, 감사가 넘치는 행복한 신앙생활로 한 걸음 더 나아가게 되기를 바랍니다.

저 또한 천명선 장로님과 평생에 걸쳐 함께 걸어온 지난날을 돌아보며 깊은 감사를 드립니다. 함께 예배하고, 함께 기도하고, 함께 교회를 사랑하며 걸어온 세월은 제게도 큰 은혜였습니다. 하나님께서 한 사람의 삶을 얼마나 아름답게 빚어 가시는지를 곁에서 볼 수 있었던 것은 제게도 복이었습니다. 장로님 같은 분이 제 곁에 있어 오늘의 한소망교회가 있고 류영모 목사가 있을 수 있습니다. 그래서 이 책은 단지 한 장로님의 글모음이 아니라, 하나님께서 한 사람의 삶 속에 새겨 놓으신 은혜의 자취요, 조용한 충성의 발자국이며, 믿음으로 살아온 시간들의 향기로운 열매라 생각합니다.

부디 「흐르는 물처럼」이 많은 독자들의 마음에 잔잔한 울림이 되기를 바랍니다. 읽는 이마다 삶을 새롭게 돌아보며, 하나님께서 주신 오늘을 더욱 감사로 살아가게 되기를 바랍니다. 그리고 이 책을 통해 천명선 장로님의 삶을 붙드시고 여기까지 인도하신 하나님의 선하심과 인자하심이 더욱 드러나기를 소망합니다.

이 귀한 책의 출간을 다시 한 번 축하드리며, 천명선 장로님의 남은 걸음에도 주님의 은혜와 평강이 늘 함께하시기를 기도합니다.

모든 영광을 하나님께 올려드립니다.

류영모 목사
제5회기 한교총 대표회장
제106회기 예장통합 총회장
제27대 CBS 재단 이사장

사랑하는 나의 믿음의 동반자이자 벗, 천명선 장로님께서 책의 추천사를 부탁하셨을 때, 저는 잠시 눈을 감고 장로님을 떠올려 보았습니다. 그리고 저도 모르게 입가에 미소가 지어졌습니다. 처음 만났던 순간부터 장로님은 늘 '기분 좋은 놀람'을 선물해 주는 분이었습니다.

첫 번째 놀람은, 그 누구보다 교회를 사랑하시는 모습이었습니다. 한소망 비전채플 건축 당시, 지방 아파트 공사 현장에서 장로님의 사무실을 방문한 적이 있습니다. 책상 위에 펼쳐진 공정표를 보며 당연히 아파트 공정이라 생각했는데, 자세히 보니 그것은 우리 교회의 건축 공정표였습니다. 그 순간, 말로 표현할 수 없는 감동과 함께 '아, 이분은 교회를 이렇게까지 사랑하는 분이구나' 하는 깊은 울림이 제 마음에 남았습니다.

두 번째 놀람은, 연약해 보이는 외모와는 달리 결코 흔들리지 않는 믿음의 강인함이었습니다.

시무 장로로 함께 교회와 당회를 섬기며, 크고 작은 일들 속에서 중심을 잃지 않고 균형을 잡아가는 모습에 감탄한 적이 한두 번이 아니었습니다. 가난한 집안의 11남매 중 막내로서 복음을 처음 받아들이고, 온 가족을 구원의 길로 인도한 삶만 보아도 그 믿음의 뿌리가 얼마나 깊은지 알 수 있습니다.

세 번째 놀람은, 병마를 이겨낸 사람만이 가질 수 있는 믿음의 깊이입니다. 장로님은 그 시간을 통해 받은 은혜를 잊지 않고, 더 많이 감사하며 스스로를 '사랑의 빚진 자'로 여기며 나누고 섬기는 삶을 살아가고자 결단하셨습니다. 그리고 그 고백의 완성은 본 도서에서 등장하는 대목 "내 인생의 파도 위에서 내가 붙들 서핑보드는 무엇이었던가"라는 질문일 겁니다. 장로님은 진정한 서핑보드 되시는 주님을 붙들고, 교회와 노회를 사랑하며 살아오셨습니다.

이 책의 제목처럼, 흐르는 물은 외부의 영향으로 굽이치기도 하고 흔들리기도 합니다. 그러나 장로님의 신앙은 잔잔하지만 깊이 흐르는 물과 같습니다. 겉으로는 고요하지만 그 아래에는 쉽게 흔들리지 않는 단단한 흐름이 있습니다. 그래서 저는 이 추천사를 준비하며, 이 책을 추천하는 기쁨보다 오히려 더 큰 감사를 느꼈습니다. 이처럼 귀한 장로님과 함께 교회를 섬기고, 노회를 섬기며, 우리 교단 총회를 향한 같은 마음과 비전을 나눌 수 있다는 사실이 저에게는 큰 은혜이기 때문입니다. 이 책은 한 사람의 삶을 넘어, 믿음이 어떻게 사람을 세우고 공동체를 살리는지를 보여주는 살아 있는 증언입니다. 이 귀한 이야기가 더 많은 이들에게 깊은 도전과 위로가 되기를 바랍니다.

윤한진 장로 (한소망교회)
예장통합 109회기 前부총회장
現기독교연합회관 이사장

5부. 시대를 바라보며 드린 마음
한국교회와 노회를 향한 조용한 기도

6부. 새벽에 다시 붙든 말씀
말씀 앞에서 나를 세우는 시간

7부. 생각이 머문 자리
삶과 자연을 통해 선물처럼 다가온 지혜의 순간들

저는 어릴 때부터 부끄러움을 많이 타는 아이로 자랐습니다. 살아오면서 보고, 듣고 느낀 일상의 소소한 편린들과 마음의 생각과 기도 그리고 삶의 작은 모습들을 모아 쓴 글들이기에 그저 부끄럽기만 합니다. 미숙한 글이지만 작은 용기를 내어 진솔하게 담아 보았습니다.

짧은 글들을 정리하며 지나온 길을 돌아보니 언제 어디서나 제가 있는 곳에는 항상 저를 바라보시는 주님의 눈길과 사랑의 손길이 함께하셨음을 깨닫게 되었습니다. 방황하기 쉬운 청소년 시절, 예수님을 영접하고 하나님의 자녀로 새롭게 태어나는 가장 큰 은총을 입었습니다. 주님을 만난 뜨거운 감격과 기쁨을 안고 신앙생활을 시작했습니다. 세상 속에서 바르게 살고자 갈등하며 몸부림도 쳐보았고 어느덧 세속에 흔들리고 넘어져 외롭고 아프다며 울 때도 많이 있었습니다. 그러나 많은 실수와 상처들은 저의 모난 부분 깎으시고 다듬으시는 주님의 손길이었음을 이제야 깨닫습니다. 그 은혜가 있었기에 작은 믿음과 소망을 가지고 여기까지 걸어올 수 있었습니다 .

부족하기만 한 내 삶을 돌아보고 반추해 보는 시간은, 남은 생애 어떻게 살아가야 할 것인가를 깊이 고민하는 시간이기도 합니다. 먼 훗날 자녀와 자손들이 험난한 산을 만나고 고난의 파도를 헤쳐나갈 때, 저의 삶의 이야기를 읽으며 저보다 더 나은 믿음으로 바른 믿음으로 바른 인생을 펼쳐갈 수 있기를 소망해 봅니다.

헤아려 보니 다 기록할 수 없는 하나님 은혜에 그저 감사할 뿐입니다. 신앙의 방황 중에 한소망교회를 만나게 하신 것도 크나큰 축복이요 은총이었습니다. 저의 신앙 멘토이자 영적 아버지인 류영모 원로목사님의 큰 사랑과 그늘 아래에서 함께 먹고 배우며 성장할 수 있었음에 감사를 고백합니다. 또한 제 곁에는 기쁨과 슬픔을 함께 나눌 수 있는 사랑하는 가족과 한소망 공동체의 소중한 믿음의 가족들이 있었습니다. 그또한 제게 분에 넘치는 축복입니다.

선물로 받은 하루하루 일상에 녹아있는 기쁨과 슬픔, 작은 성취와 실패의 이야기는 그분과 함께한 내 삶의 간증이요(This is my story), 주님께 올려드리는 감사의 찬양이기도 합니다(This is my song). 찬송가 288장에 담긴 귀한 고백을, 저 역시 주님께 올려드립니다.

"이것이 나의 간증이요, 이것이 나의 찬송일세.
나 사는 동안 끊임없이 구주를 찬송 하리로다"
(찬송가 288장. 후렴)

2026년 봄을 기다리는 길목에서
'흐르는 물' 천명선

** 글을 쓰던 당시의 마음과 감격을 그대로 살리기 위하여 글의 어투를 굳이 통일시키지 않았음을 밝힙니다. 또한 글을 쓰던 당시의 시기를 명시한 글도 있고 굳이 명시하지 않은 글도 있습니다. 부디 이 글이 독자들에게, 한 명의 그리스도인이 나누는 담백하고 소박한 글이기를 원합니다.

1부

질그릇의 고백

은혜로 시작된 나의 믿음 이야기

†

"우리가 이 보배를 질그릇에 가졌으니
이는 심히 큰 능력은 하나님께 있고
우리에게 있지 아니함을 알게 하려 함이라"

고후 4:7

흙수저에서 보배를 담은 질그릇으로

저는 경기도 수원시 지동 356번지, 11남매 중 막내로 태어났습니다. 가난했던 베이비붐 시대, 부유하지 못한 가정의 막내였으니 지금의 기준으로 보면 전형적인 '흙수저'로 태어난 셈이었습니다.

어릴 적 저는 그저 철부지 개구쟁이였습니다. 형제 많은 집안에서 부모님의 각별한 사랑을 독차지하며 자랐으니 오죽했을까요. 동네에서는 싸움을 일삼는 말썽꾸러기로 소문이 자자했습니다. 조그마한 동산이 있던 옛 동네는 온통 저의 놀이터였습니다. 전쟁놀이, 칼싸움, 물총놀이를 하며 늘 '왕초' 노릇을 했고, 친구들을 때리고 도망 다니기 일쑤여서 집안뿐 아니라 동네에서도 미움받는 개구쟁이였습니다. 지금도 가족들이 모이면 그 시절 저의 철없던 이야기가 빠지지 않는 화두가 되어 한바탕 웃음꽃이 피어나곤 합니다.

당시 저희 동네 작은 동산에는 제법 큰 교회가 자리 잡고 있었습니다. 하나님을 알지는 못했지만, 그 교회를 놀이터 삼아 친구들과 자주 드나들었습니다. 교회에서 가끔 나누어 주던 먹거리도 좋았고 탁구 시설이 갖춰진 공간에서 마음껏 운동하며 노는 것도 좋았습니다.

예민한 사춘기였던 중학교 시절, 제 삶에 큰 변화가 찾아왔습니다. 술을 좋아하시던 아버님께서 오랜 지병으로 몇 년간 투병하시다 세상을 떠나신 것입니다. 아버님은 식사 때마다 반주를 즐기셨는데, 막내였던 저는 늘 아버님의 술 심부름 담당이었습니다. 어려운 시절이었음에도 아버님은 밥상머리에서 저를 곁에 앉히시고 맛난 반찬을 챙겨주시며 각별한 애정을 쏟으셨습니다. 그런 사랑을 주시던 아버님을 여의고 엄격한 형님 밑에서 공부하며 자라게 되자, 제 안에는 깊은 상실감과 열등감이 자리 잡기 시작했습니다. '아버지 없는 아이'라는 생각에 사로잡혀 소극적이고 부끄러움을 많이 타는 소심한 아이로 변해갔습니다. 주변에서는 말썽꾸러기가 이제야 철이 든다고 했지만, 사실 그것은 자존감이 낮아져 움츠러든 모습일 뿐이었습니다.

하지만 하나님은 그런 저를 무척이나 사랑하셨던 것 같습니다. 방황하기 쉬운 그 청소년 시절, 저를 수원 '십대선교회(YFC)'로 인도해 주셨습니다. 김장환 목사님이 세우신 그곳은 수많은 남녀 고등학생이 모여 역동적인 활동을 펼치는 복음의 장이었습니다. 매주 토요일 대강당에 모여 박진감 넘치는 성경 퀴즈를 풀고, 유명 연예인들의 간증과 복음적인 설교를 듣는 시간은 제게 큰 감동과 흥미를 주었습니다. 그곳에서 말씀을 배우고 임원으로 활동하며 비로소 보람차고 행복한 십대를 보냈습니다.

인생의 전환점은 1974년 여름 수련회 때 찾아왔습니다. 그곳에서 복음의 메시지를 듣고 예수님을 저의 구세주로 영접한 것입니다. 하나님의 자녀로 새롭게 태어난 그 날은 제 인생에서 가장 기쁘고 벅찬 날이었습니다. 영혼의 눈과 마음이 활짝 열렸습니다. 열등감에 사로잡혀 소극적으로 살아가던 한 소년이, 구원 받은 감격 속에서 새롭고 긍정적인 삶을 시작하게 된 것입니다.

저희 집안은 본래 부모님은 불교, 형님은 철저한 유교 가풍을 지닌 가정이었습니다. 그런 집안에서 11남매 중 막내인 제가 가장 먼저 택함을 받고 신앙의 길에 들어섰습니다. 감사하게도 가족들은 저의 신앙생활을 깊이 이해해 주었고, 저는 가족 구원을 위해 기도하기 시작했습니다. 그 기도는 헛되지 않았습니다. 어머님은 천국 가시는 날까지 아름답게 신앙생활을 하셨고, 형님과 누님, 형수님과 조카들에 이르기까지 모두 하나님의 자녀가 되었습니다. 이보다 더 기쁘고 감사한 일이 어디 있을까요.

저는 비록 미약하나 제 가정에 뿌려진 복음과 기도의 씨앗들이 꽃피고 열매 맺고 있음은 전적인 하나님의 은혜입니다. '흙수저'와 같던 저의 인생이 예수님을 모신 '보배로운 질그릇'이 되었으니, 이제는 덩실덩실 춤추며 찬송이 절로 나옵니다.

"나 이제 주님의 새 생명 얻은 몸, 옛것은 지나고 새사람이로다. 그 생명 내 맘에 강같이 흐르고, 그 사랑 내게서 해같이 빛난다. 영생을 누리며 주 안에 살리라. 오늘도 내일도 주 함께 살리라."(찬송가 436장)

"우리가 이 보배를 질그릇에 가졌으니 이는 심히 큰 능력은 하나님께 있고 우리에게 있지 아니함을 알게 하려 함이라"(고후 4:7)

복음에 빚진 자로 살아가는 삶

내 인생에 있어 김장환 목사님을 만나게 하신 것은 축복 중의 축복입니다. 수원 십대선교회(YFC)에서 처음 뵙게 된 목사님이 카랑카랑한 목소리로 복음의 메시지를 전하실 때면, 마치 웅변의 달인 같았습니다. 힘 있고 감동적인 설교로 청중을 압도하셨거든요. 설교 끝에는 늘 주님께로 초대하는 구원의 시간이 있었고, 그때마다 수많은 영혼이 주님 앞에 돌아오는 놀라운 역사가 일어났습니다.

우리나라 교회 부흥의 대전환기였던 1974년, 여의도 광장에서 열린 '엑스포 74 빌리 그래함 전도대회'를 기억합니다. 당시 김장환 목사님은 능숙하고 힘 있는 통역으로 전 세계의 이목을 집중시키셨습니다. 그 대회는 한 민족을 향한 하나님의 구원 계획이자, 한국교회 전도 폭발의 기폭제가 되었습니다. 구순이 넘으신 지금까지도 방송에서 들려오는 목사님의 카랑카랑한 음성을 듣노라면, 그 시절의 뜨거웠던 감동이 그대로 전해오는 것만 같습니다.

저는 청소년 시절 수련회에서 김장환 목사님의 말씀을 듣고 예수님을 영접했습니다. 세례를 받은 후 하나님의 자녀로서 새로운 인생을 시작했고, 청년 시절 내내 목사님 슬하에서 신앙의 기초를 다졌습니다. 인생의 중요한 인연도 그곳에서 시작되었습니다. 당시 목사님 사모님께서 운영하시던 중앙유치원에서 근무하던 아내를 만나, 목사님의 주례로 복된 가정을 꾸리게 된 것입니다.

힘든 군 생활 중에 목사님과 재회했던 특별한 추억도 잊을 수 없습니다. 자대 배치를 받고 고된 초년병 시절을 보내고 있을 때, 목사님께서 제가 소속된 연대에 말씀 집회를 인도하러 오신다는 소식이 들렸습니다. 얼마나 기쁘고 가슴이 뛰었던지요! 목사님과 교회의 가족들을 만날 생각에 손꼽아 그날만을 기다렸습니다. 수많은 병력 앞에서 힘차게 복음을 선포하시던 목사님의 모습은 제게 큰 자부심과 용기를 주었습니다. 그날의 만남은 어려운 군 생활 속에서도 신앙을 굳건히 지켜나갈 수 있는 결정적인 계기가 되었습니다. 세월이 흘러 직장 문제로 지금의 한소망교회를 섬기게 되었을 때도, 목사님께서 저희 교회에 오셔서 말씀을 전해주신 적이 있습니다. 그때마다 영적 아버지를 다시 뵐 수 있음이 얼마나 감사했는지 모릅니다.

목사님의 자제분인 요셉, 요한 목사님은 각자 맡겨진 사명의 자리에서 귀하게 사역하고 계신데, 청소년 시절 YFC 활동을 하며 함께 뛰놀던 아름다운 추억이 있어 더욱 각별하게 다가옵니다. 저의 아내는 트루디 김 원장님(김장환 목사님의 사모님)이 운영하시던 중앙유치원의 교사로 근무하며 성실함을 인정받았던 자랑스러운 경력을 가지고 있습니다. 낯설고 힘든 한국 땅에 오셔서 겸손하게 헌신하시던 사모님의 따뜻한 사랑은 지금도 잊을 수 없습니다. 오래된 작은 개척교회 예배당의 찢어진 커튼을 직접 수선하시고, 집에서 손수 구워 오신 쿠키를 나누어 주시던 사모님의 모습이 선합니다. 지금도 그 달콤하고 고급스러웠던 쿠키 맛이 입안에 맴도는 듯합니다.

이렇게 저는 청소년기와 청년기, 그리고 결혼하여 가정을 이루기까지 목사님 곁에서 보고, 듣고, 배우며 성장했습니다. 돌이켜 보면 그때 배운 복음의 말씀들이 제 신앙의 뼈대가 되어, 평생 '복음에 빚진 자'로 살아가게 하는 원동력이 되었습니다.

하나님의 자녀로 다시 태어나게 해주신 나의 첫 번째 영적 아버지, 김장환 목사님. 진심으로 사랑하고 존경합니다. 지금도 목사님을 떠올리면 떠오르는 찬송과 소중한 성구가 있습니다. 김장환 목사님이 가장 좋아하시며 함께 부르던 찬송과, 청소년 시절 암송하며 다녔던 YFC 주제 성구입니다. 여전히 제 마음 깊숙

이 간직되어 있는 찬송과 말씀입니다.

> "내 평생에 가는 길 순탄하여 늘 잔잔한 강 같든지, 큰 풍파로 무섭고 어렵든지 나의 영혼은 늘 편하다. 내 영혼 평안해, 내 영혼 내 영혼 늘 평안해."(찬송가 413장)

> "누구든지 네 연소함을 업신여기지 못하게 하고 오직 말과 행실과 사랑과 믿음과 정절에 있어서 믿는 자에게 본이 되어"(딤전 4:12)

나의 어머니 나의 형수님

내 인생의 여정에서 형수님을 빼놓고는 저의 이야기를 다 할 수 없습니다. 사춘기 어린 시절 아버님을 여의고, 엄격하신 형님 밑에서 청소년기와 청년 시절을 보냈던 제게 형수님은 어두운 길을 밝혀주는 등불 같은 분이셨습니다.

형수님은 홀로 되신 시어머니와 철없는 막내 시동생, 그리고 당신의 자녀들을 오직 사랑과 헌신으로 돌보셨습니다. 그 힘든 시집살이와 고된 형편 속에서도 개구쟁이였던 저를 품어주셨고, 단 한 번도 원망 섞인 말이나 불평을 내비치지 않으셨습니다. 덕분에 저는 부모님의 빈자리를 느끼지 못할 만큼 과분한 사랑 속에서 공부하며 성장할 수 있었습니다.

유교적 가치관의 영향으로 엄격하셨던 형님 밑에서 자라며 바른 예절을 배웠지만, 때로는 그 엄격함이 버겁고 힘들 때도 있었습니다. 하지만 형수님은 그 틈 사이에서 늘 저의 숨구멍이 되어 주셨습니다. 특히 제가 신앙생활에 전념하며 늦게 귀가할 때마다, 형수님은 어머니의 마음으로 따뜻한 저녁상을 차려놓고 저를 기다려 주셨습니다. 까칠하고 모난 성격의 막내 시동생을 독립시키기 전까지, 당신의 자녀처럼 포용하고 감싸주신 그 큰 사랑을 어찌 다 잊을 수 있겠습니까.

하나님께서는 저희 가문에서 저를 복음의 첫 씨앗으로 택하셨고, 저는 오랜 시간 눈물로 가족들을 위해 기도했습니다. 그 기도의 응답으로 어머니가 주님을 영접하셨고, 완고하셨던 형님께서도 마지막 순간 예수님을 고백하며 평안히 잠드셨습니다. 형수님 또한 노년에 주님을 영접하시고 조카들과 함께 기쁨으로 신앙의 길을 걸으셨으니, 이 모든 것이 하나님의 은혜이자 형수님의 순종 덕분입니다.

하지만 코로나라는 모진 세월 속에서, 면회조차 허락되지 않던 차가운 병실에서 홀로 하나님의 부르심을 받으셨다는 소식을 들었을 때 제 가슴은 무너져 내렸습니다. 영정 사진 속 환하게 웃고 계신 형수님을 보며, 차마 부르지 못한 "어머니"라는 이름을 마음속으로 수없이 외쳐보았습니다.

지금도 불쑥불쑥 밀려오는 그리움에 홀로 골방에서 입을 막고 울음을 삼키곤 합니다. 소리 없는 눈물이 멈추지 않지만, 이제는 아픔 없는 천국에서 형님과 함께 평안히 쉬고 계실 형수님을 생각하며 마음을 추스려 봅니다.

나의 어머니, 나의 형수님. 당신의 헌신으로 제가 이만큼 성장했습니다. 당신이 심어주신 그 사랑과 신앙의 유산을 잊지 않고 살아가겠습니다.

형수님을 추모하며 쓴 글입니다.

사랑하는 형수님!
지난 세월
천씨가문에 일평생 수고와 헌신과 희생으로 저희 연약한
가문과 가정을 위해 한 알의 밀알이 되어 주셨습니다.
가정과 가족들의 화목과 화평을 위해 그 크신 사랑 하나로
인고의 세월을 견디며 몸과 뼈를 저의 가문에 묻고
주님 품으로 떠나셨습니다.
시집살이 쉽지 않았던 시절
가족들, 시부모, 시동생
그리고 남편과 자녀와 손자 대에 이르기까지
4대에 걸쳐 펼쳐진 쉼 없는 수고와 헌신의 손길
손에 물이 마를 시간도 없이 보살펴 주신 사랑의 손길은
크고 넓기만 하였습니다.

가족의 대소사로 많은 식구들이 모일 때마다

능숙하고도 탁월한 음식 솜씨로

정성껏 만들어 주신 음식 하나 하나에는 형수님만의

변함없는 고유한 맛이 담겨 가정의 음식 전통이 이어졌고

모일 때마다 나누던 식탁 교제는

가족 모두에게 잊지 못할 즐거움이요 행복이었습니다.

인생의 황혼기,

세상의 즐거움과 편안함을 누리실 만도 하셨을 텐데

오직 자녀와 가족들 섬김이 삶의 전부이신 것처럼

겸손하게 그리고 검소하게 살아오셨습니다.

형수님의 온화한 성품과 지혜로움 덕에

대가족이 화목과 화평을 이룰 수 있었고

그것은 형수님만이 간직한 아름다운 품격의 향기였습니다.

어린 시절 철없는 개구쟁이로

소문난 말썽꾸러기인 저로 인해

얼마나 속이 많이 썩고 마음 상하셨을까요?

다 커가도록 언제나 늦은 귀가 시간에도

불평 한마디 원망 한마디 안 하시고

따뜻한 밥상 차리고 또 차려오시곤 했습니다.

막내의 채울 수 없는 투정, 까칠하고 모난 성품들도

자녀를 돌보듯이 넓은 마음으로 품어 키워주셨습니다.
형수님은 하나님께서 저희 가정에 보내주신
보배요 천사였습니다.
사랑 많고 온화한 아내로, 어머니로, 할머니로,
저의 형수님으로 저희 곁에 계셨던
지난 시간 시간들은 저희 모두에게 축복이었습니다.
자녀들의 간절한 기도의 응답으로 예수님을 영접하셨죠.
하나님의 자녀가 되어 살아가는 것이 기쁘고
감사하다고 고백하시며 살아생전 믿음으로
열심히 신앙생활도 하셨습니다.

이제 천국에서 자녀와 가족들을 위해 못다 한
기도의 소원들을 주님 앞에서 고백하고 계실
형수님을 그려 봅니다.
자자손손 믿음의 가문으로 꽃피고 열매 맺을 날들이
이어질 것을 믿음으로 바라봅니다.

사랑하는 형수님
속 많이 썩인 막내 시동생을 용서해 주세요.
갚을 수 없는 깊고 큰 사랑
가슴에 품고 이제야 형수님 영정 앞에 용서를 빌며
꽃 한송이 올립니다.

형수님,

사랑합니다 고맙고 감사합니다. 그리고 미안합니다.

머지않아 주님 오시는 날 기쁨으로 뵙겠습니다.

주님 품 안에서 편히 쉬십시오…

형수님 장례식장에서

한소망교회로 나를 인도하신 하나님

저에게는 지독하리만큼 시렸던 영적 암흑기가 있었습니다. 남들보다 이른 나이에 장로라는 무거운 직분을 맡았지만, 돌이켜 보면 그것은 덜 익은 신앙이 빚어낸 부끄러운 자화상이었습니다. 나름의 열심과 특심으로 교회를 섬긴다 자부했으나, 갈등과 분열의 파도 앞에서 제 미숙한 인격과 성품은 여실히 바닥을 드러냈습니다.

때로는 교인들을 탓하며 마음의 문을 닫기도 했습니다. 젊은 장로를 향한 시기와 미움, 그로 인한 분쟁은 제 마음에 깊은 생채기를 남겼습니다. 가슴 속에 치밀어 오르는 분노와 갈등을 견디지 못해 교회를 피하고 싶었고, 그 가슴앓이를 풀어보고자 잠시 세상 속에서 방황하기도 했습니다. 하지만 세상 그 무엇으로도 영혼의 깊은 목마름과 갈급함은 채워지지 않았습니다.

결국 저는 정든 교회를 떠나 이곳저곳을 유랑하는 방랑자가 되었습니다. 주일이 되면 어린 자녀들의 손을 잡고 이 교회 저 교회를 전전했습니다. 갈 곳 잃은 아버지를 따라나선 가족들의 뒷모습을 볼 때면 미안함과 자괴감에 목이 메었습니다. "가족들이 무슨 죄가 있나" 하는 생각에 부끄러움은 더해만 갔습니다. 저는 비로소 하나님 앞에 무릎 꿇고 울며 기도했습니다.

"하나님, 이제는 평생 떠나지 않고 섬길 수 있는 교회를 만나게 해주십시오. 아니, 직분이 목적이 아니라 그저 진실한 신앙인으로, 참된 성도로 살아가게 해주십시오."

간절한 기도 끝에 하나님은 저를 한소망교회로 인도해 주셨습니다. "인생의 방황은 하나님을 만나면 끝이 나고, 신앙의 갈등은 좋은 교회를 만나면 끝이 난다"는 그 말씀은 제 영혼을 살리는 빛이었습니다. 그동안 율법과 정죄라는 좁은 틀에 갇혀 살던 제게, 한소망교회에서 맛본 복음과 은혜는 말할 수 없는 기쁨과 자유를 선사했습니다. '성공의 사다리(현 비전의 사다리)' 과정을 하나하나 거치며 제 신앙의 관점과 패러다임은 완전히 새로워졌습니다. 그것은 제 인생을 변화시키는 놀라운 사건이었습니다.

무엇보다 주일마다 드리는 예배는 하나님의 임재와 영광을 직접 맛보는 살아있는 체험이었습니다. 성령님의 터치는 잠자던

    1부. 질그릇의 고백

제 영혼을 흔들어 깨우는 충격과 감동이었습니다. 뜨겁게 찬양을 부르고 말씀을 들을 때마다 터져 나오는 눈물은 지난날의 상처를 씻어내는 은혜의 강물이었습니다. 예배의 감격을 잃어버리고 방황하던 탕자가 아버지의 품으로 돌아온 기분이었습니다. 그 기쁨이 너무나 커서, 먼 지방에서 근무하던 시절에도 먼 거리를 마다하지 않고 주말마다 감사함으로 달려왔습니다.

가던 길이 막혀 어찌할 바를 모르고 헤맬 때, 하나님은 새로운 길을 예비하시고 더 넓은 은혜의 문을 열어주셨습니다. 한소망 교회를 통해 저를 예배의 승리자로, 그리고 참된 신앙인으로 다시 세워주신 하나님은 참 좋으신 나의 아버지이십니다. 이제 저는 그 사랑 안에서 방황을 끝내고, 기쁨의 길을 걷습니다.

"너는 내게 부르짖으라 내가 네게 응답하겠고 네가 알지 못하는 크고 은밀한 일을 네게 보이리라"(렘 33:3)

절망 끝에서 밀려온 생명의 말씀

45살 되던 해, 감당하기 힘든 어려움을 겪게 되었습니다. 난생처음 겪은 큰 교통사고로 병원에 입원하여 치료를 받던 중, 슬픈 비보가 들려온 것입니다. 청소년 시절부터 신앙생활을 함께하며 고민과 아픔을 나누었던, 분신과도 같던 단짝 친구 목사가 피부암으로 소천했다는 소식이었습니다.

불볕더위 속에 치러진 친구의 장례식을 마치고 돌아온 병실, 슬픔과 기력 저하로 맞은 주사가 화근이 되었습니다. 갑작스러운 쇼크 증상으로 온몸이 마비되며 '이렇게 죽는구나' 싶은 순간이 찾아왔습니다. 가족도 없는 절박한 상황에서 저를 붙든 것은 오직 하나님의 말씀이었습니다. 의료진의 응급처치로 고비를 넘겼지만, 그것은 더 긴 고통의 시작이었습니다.

퇴원 후 일상으로 돌아왔지만, 사고 후유증으로 인한 육체적 통증과 함께 원인 모를 불안이 찾아왔습니다. 어느 날 운전 중

갑자기 숨이 막히고 식은땀이 나며 죽을 것 같은 공포가 엄습했습니다. 병원 검사 결과는 '이상 없음'이었지만, 증상은 날로 악화되었습니다. 결국 동료의 권유로 찾은 병원에서 '공황장애'라는 진단을 받았습니다. 예기치 못한 장소와 시간에 찾아오는 공포는 제 삶을 송두리째 위축시켰습니다. 누구에게도 표현 못 할 고통 속에 불면의 밤을 지새우며 약에 의지해 하루하루를 버텼습니다. 무엇보다 고통스러웠던 것은 그토록 사모하던 예배조차 드릴 수 없게 된 현실이었습니다.

어느 주일, 마두동 예배당에서 예배를 드리던 중 다시 숨이 막히는 공포가 밀려왔습니다. 결국 예배 도중 밖으로 뛰쳐나올 수밖에 없었습니다. 교회 주변을 외롭게 걸으며 저는 하나님 앞에 탄식하며 울었습니다.

"하나님, 평생 예배의 자리만은 지켜왔는데 이제 예배조차 드릴 수 없으니 저는 아무 쓸모 없는 사람입니까?"

그 뜨거운 눈물 속에서 저는 제 자신을 정직하게 대면하게 되었습니다. 그동안 믿음 좋다고 자부했던 내 모습 뒤에 숨겨진 교만과 연약함을 보았습니다. 하나님은 그 초라한 자리에 서게 하심으로 저를 낮추셨고, 저는 비로소 진정한 회개의 기도를 시작하게 되었습니다.

교회에서 시작된 100일 새벽기도회는 제 신앙의 전환점이 되었습니다. "하나님을 믿는 사람으로서 이대로 무너질 수 없다"는 결단과 함께, 약이 아닌 오직 하나님의 능력으로 치유받기를 간절히 구했습니다. 그때부터 시편 말씀을 붙들었습니다. 이전에는 지식으로만 알던 말씀들이 이제는 제 영혼을 살리는 생명의 말씀이 되어 다가왔습니다. 말씀이 깊은 기도가 되었고, 어느덧 제 입술에서는 힘 있는 찬송이 흘러나오기 시작했습니다. 믿음으로 약을 서서히 줄여가며 말씀의 능력을 신뢰했을 때, 하나님께서는 제 심령을 어루만지시고 낙심해 있던 저를 다시 일으켜 세워주셨습니다.

언제부터인가 저를 괴롭히던 극심한 불안과 증세들이 썰물처럼 빠져나갔습니다. 하나님께서는 약속의 말씀으로 찾아오셔서 병든 몸과 마음을 온전히 회복시켜 주셨습니다.

가장 약할 때 강함 되시는 주님, 예배의 자리를 회복시키시고 살아계신 말씀으로 저를 치료하신 하나님을 찬양합니다.

저에게 찾아온 고난은,
새롭게 하나님을 깊이 만나는 축복의 통로였습니다.

할렐루야!

"또 내가 사랑하는 주의 계명들을 향하여 내 손을 들고 주의 율례들을 작은 소리로 읊조리리이다 주의 종에게 하신 말씀을 기억하소서 주께서 내게 소망을 가지게 하셨나이다 이 말씀은 나의 고난 중의 위로라 주의 말씀이 나를 살리셨기 때문이니이다."(시 119:48-50)

무너진 현장에서 만난 세밀한 손길

건축을 전공하고 건설 현장에서 구슬땀을 흘려온 시간도 어느덧 43년이 흘렀습니다.

제가 첫발을 내디뎠던 80년대 초는 중동 건설 붐과 함께 온 나라가 경제 부흥을 향해 질주하던 시대였습니다. 미극동 공병대(FED)에서 해외 공사와 다름없는 엄격한 시스템을 배우며 건설인으로서의 자부심을 키웠지만, 당시 우리 사회를 지배했던 구호는 오직 하나, "빨리 빨리"였습니다. 속도가 곧 목표였고, 결과가 곧 보상이었던 시절이었습니다. 안전과 품질은 늘 후순위로 밀려났고, 그 화려한 성장 이면에는 성수대교와 삼풍백화점이라는 뼈아픈 눈물이 얼룩져 있습니다. 그 시대 중심에서 기술자로 살아온 저에게 43년이라는 시간은 한편으로 자부심이었으나, 다른 한편으로는 무거운 책임감에서 오는 부끄러움을 남기기도 했습니다.

잊을 수 없는 기억, 지금도 제 가슴을 떨리게 하는 그 날! 압구정동의 한 백화점 현장에서 근무하던 때였습니다. 외벽 공사를 위해 설치했던 20m 높이의 거대한 외부 비계(아시바)가 순식간에 균형을 잃고 큰 대로변을 향해 무너져 내렸습니다. 철 파이프와 발판들이 굉음을 내며 인도를 덮쳤고, 저는 공포로 마비된 채 두 다리를 떨며 서 있었습니다. 수많은 인파와 고급 승용차들이 쉴 새 없이 오가는 강남 한복판, 대형 인명사고는 자명해 보였습니다. 그러나 그 아찔한 순간, 기적이 일어났습니다. 비계가 쓰러지기 직전, 현장 앞 신호등이 정지 신호로 바뀌었던 것입니다.

평소라면 꼬리를 물고 이어졌을 차량도, 길을 걷던 행인도 그 찰나의 순간만큼은 그곳에 없었습니다. 세상은 이를 '우연'이라 말할지 모르나, 저는 현장 한구석에 털썩 무릎을 꿇고 주님의 이름을 부르짖었습니다. 세상 한복판 무너진 현장 속에서 살아계신 하나님의 세밀한 손길을 경험하는 순간이었습니다.

그 사고는 제 인생의 커다란 분기점이 되었습니다. 이전까지 저는 신앙생활을 '성공의 도구'로 여겼습니다. 내가 바르게 믿고 그것으로 세상에서 대접받고 부를 누릴 수 있다면, 그것이야말로 하나님께 영광을 돌리는 일이라 착각하며 살았습니다. 겉모양은 종교인이었으나 중심은 세속적이었던 저를, 하나님은 그 무너진 현장에서 다시 빚어주셨습니다.

그때부터 저는 제 일터를 하나님께 위탁받은 '사명의 자리'로 여기기 시작했습니다. "무슨 일을 하든지 마음을 다하여 주께 하 듯 하라"는 말씀을 품고, 이제는 감리단장으로서 기술보다 앞서 '사람'을 봅니다.

지금 제 사무실에는 늘 은은한 커피 향이 감돕니다. 현장을 찾 는 이들에게 정성껏 핸드드립 커피를 내려 대접하는 것이 저의 작은 사역입니다. 차 한 잔에 마음을 담아 대화하며 화목을 일구 는 이 시간이, 43년 경력의 그 어떤 훈장보다 제 마음을 보람차 게 합니다.

오늘도 저는 건설 현장이라는 거친 세상 속으로 출근합니다. 43년 전이나 지금이나 현장은 여전히 위험하고 고단하지만, 저 는 더 이상 두려워하지 않습니다. 저는 이곳을 관리하도록 보냄 받은 '선한 청지기'이기 때문입니다.

합력하여 선을 이루시는 주님의 손을 잡고, 저는 오늘도 가장 견고한 사랑의 성벽을 쌓아 올립니다.

"여호와께서 집을 세우지 아니하시면 세우는 자의 수고가 헛되며, 여호와께서 성을 지켜주시지 아니하면 파수꾼의 깨어있음이 헛되도다"(시127:1)

2부

흔들리며 배운 은혜

고난 속에서 더 단단해진 믿음

†

"아무 것도 염려하지 말고 다만 모든 일에 기도와 간구로,
너희 구할 것을 감사함으로 하나님께 아뢰라"

빌 4:6-7

인생이라는 파도를 타는 법: 나의 서핑보드

인생은 끝없이 밀려오는 파도와 같습니다. 잔잔한 날이 있는가 싶으면, 어느새 집채만 한 파도가 삶의 안온함을 송두리째 삼키려 덤벼듭니다. 평생 건설 현장의 거친 풍파 속에서 버텨온 저에게도 최근 감당하기 힘든 파도가 덮쳐왔습니다. 건강검진 결과 들려온 '암'이라는 한 마디. 그 무게감은 생각보다 훨씬 무겁고 차가웠습니다.

결과를 듣고 돌아온 날, 아내의 손을 잡고 기도하며 참 많이도 울었습니다. 미안함과 두려움이 뒤섞인 눈물 속에서 저는 한 가지를 결심했습니다.

"하나님을 원망하지 말자. 입술로라도 죄를 짓지 말자. 오히려 지금까지 베풀어 주신 은혜를 기억하며 더 많이 감사하자."

하지만 불쑥불쑥 찾아오는 죽음의 그림자는 평온하던 마음을 쓰나미처럼 휩쓸고 지나가곤 했습니다. 어느 잠 못 이루던 밤, 곁에서 곤히 잠든 아내의 얼굴을 보며 콧등이 시큰해졌습니다. '나쁜 남편'이었던 지난날들이 주마등처럼 스쳐 지나갔습니다. 내 기준만 내세우며 아내를 다그쳤던 일, 따뜻한 말 한마디 건네지 못했던 무뚝뚝함… 저를 위해 자신을 돌보지 않고 헌신해 온 아내에게 미안함과 회한이 밀려왔습니다.

더 늦기 전에, 미루지 말아야겠다고 생각했습니다. 자는 아내를 조용히 깨워 영문도 모른 채 일어난 아내에게 진심으로 고개를 숙였습니다. "당신에게 잘못한 게 너무 많아. 나를 용서해 줘." 그 밤, 우리는 해묵은 서운함을 쏟아내고 서로를 보듬으며 눈물로 기도했습니다. 병이 가져다준 고통은 역설적으로 우리 부부를 가장 깊은 사랑의 자리로 인도했습니다.

수술을 앞두고 고민 끝에 떠난 일본 당회 수련회. 그곳에서 저는 평생 잊지 못할 인생의 비유를 만났습니다. 태평양의 거센 파도를 자유자재로 넘나드는 서퍼들의 모습이었습니다. 무서운 파도에 휩쓸려 넘어지면서도 그들은 전혀 두려워하지 않았습니다. 비결은 하나였습니다. 두 팔로 '서핑보드'를 단단히 붙잡고 있었기 때문입니다. 그 모습을 보며 문득 깨달음이 찾아왔습니다.

'내 인생의 파도 위에서 내가 붙들어야 할 서핑보드는 무엇이었던가.'

돌아보니 그것은 주님이 주신 '약속의 말씀'이었습니다. 거친 고비마다 저를 지탱해 준 것은 내 힘이 아니라, 흔들리지 않는 말씀의 보드였습니다. 그리고 또 하나의 보드가 있었습니다. 바로 '사랑의 네트워크'입니다. 가족들의 눈물 어린 기도, 한소망 공동체의 격려, 그리고 마치 친자식을 살리려는 아버지의 심정으로 치료의 길을 열어주신 류영모 목사님의 따뜻한 사랑… 이 거대한 사랑의 보드가 저를 파도 위로 밀어 올려 주었습니다.

힘든 수술의 과정을 잘 마치고 이제는 회복의 길을 걷고 있습니다. 바쁜 걸음을 잠시 멈추고 지나온 고통의 시간을 되돌아봅니다. 아픔은 컸지만, 그보다 더 큰 사랑을 받았음을 고백합니다. 이제 저는 '사랑의 빚진 자'가 되어 다시 서보려 합니다. 저처럼 고난의 파도에 휩쓸려 허우적거리는 이웃들을 위해 기도의 네트워크가 되고, 작은 사랑을 나누는 섬김의 삶을 살겠노라 다짐합니다.

오늘도 거센 폭풍우가 밀려오지만, 저는 두렵지 않습니다. 제 손에는 주님이 쥐여주신 견고한 서핑보드가 있고, 저를 응원하는 사랑의 공동체가 있기 때문입니다. 이제 저는 인생의 파도를 두려워하는 자가 아니라, 그 파도를 즐기며 소망의 항구로 나아가는 서퍼가 되려 합니다.

"아무것도 염려하지 말고 다만 모든 일에 기도와 간구로,
너희 구할 것을 감사함으로 하나님께 아뢰라"(빌 4:6-7)

2023년 5월

사고가 준, '깨달음'이란 선물

사고가 나고 말았다. 주위에서 몇몇 사람이 위험하니 조심해야 한다는 경고(?)를 했었으나 무심히 듣고 넘겼다. 남의 이야기로 들었다. 결국, 신중하지 못한 자세로 방심하여 생긴 자전거 낙상 사고였다.

요즘 자전거로 출퇴근를 하던 중이었다. 자전거로 다니기에는 적당한 거리였고 오랜만에 타보는 자전거로 나름 신선한 바람을 맞으며 씽씽 달리는 기분이 즐거웠다. 시골의 주변 풍경을 즐기며 오고 가는 시간은 운동까지 되니 너무 좋았다. 그러던 어느 날 잘 달리던 자전거가 한순간 앞을 보지 못하고 방심한 순간 균형을 잃더니 아스팔트 길에 쓰러지며 내 몸은 내동댕이쳐졌다.

쿵-하는 소리와 함께 머리와 몸이 길바닥에 떨어지며 한순간 정신이 아찔했다. 정신을 차리고 일어서니 오른팔 통증을 비롯 머리와 턱이 아파오기 시작했다. 큰 병원이 아닌 고성병원 응급

실에서 진료와 응급치료를 받았다. X-ray 상으론 뼈에 이상 없다고 하여 상처 부위에 응급 치료만 받고 나왔다.

시간이 지나도 통증이 가라앉지 않는다. 이틀이 지난 후, 지속되는 오른팔의 통증으로 외래진료를 받았다. CT를 찍어보니 엘보 근방 골절상으로 판정이 되었다. 곧바로 깁스(임시)를 하고, 절대안정 속에 움직이면 안된다는 소견과 함께 팔의 붓기가 빠지면 정식 석고 깁스를 하자고 하신다. 깁스 상태로 2-3개월 지내야 한다고 한다. 턱의 상처도 예상보다 커서 많이 붓고 멍이 들었다. 다행히 머리에는 이상이 없었다.

요즈음 매일 병원을 다니며 치료를 받고 있다. 한 번도 겪어보지 못했던 뼈의 골절상 부상으로 불편함이 이만저만 한 게 아니다. 더욱이 객지에서 가족 없이 혼자 견디며 생활하는 것이 불편하고 힘이 든다. 삶의 질이 나락으로 떨어지는 것 같은 느낌이 든다. 작은 방심으로 불러온 사고가 이렇게 큰 어려움으로 이어질 거라고는 생각지도 못했다. 아직도 마냥 젊다고 생각한 마음의 과욕이 불러온 철없는 행동의 결과였다. 나이가 들수록 작은 일에도 주의해야 하고 방심하면 안 된다는 것을 깊이 깨달았다.

객지에서 몸이 아프니 서글퍼지기도 한다. 누구에게 하소연할 수도 없고 외롭고 아픈 마음을 나눌 수 있는 사람도 없으니 그렇다. 몸과 마음이 슬픈 날 잠자리에 들었는데 갑자기 객지 생활에서 오는 자기연민의 외로움이 밀려와 이불 속 흐느낌 속에 잠이 들었다.

이른 새벽, 눈을 뜨니 가뿐하고 생쾌한 기분으로 아침을 맞는다. 지난밤 슬프고 우울했던 마음들은 안개 걷히듯 사라지고 기쁨과 평안으로 새날을 맞이한다. 한 날의 괴로움은 그 날로 족한 것인가 보다. 새롭게 주어진 한 날의 선물이기에 기쁘고 감사하게 맞이하게 되나 보다. 생명도 건강도 내 것 아닌 것을! 자만하며 살아왔던 내 모습이 부끄러워졌다. 지금까지 불편함 없이 살아온 것, 작은 것 하나까지도 얼마나 소중하며 귀한 것들이었는지 새삼 감사함이 충만하게 밀려왔다.

그렇다. 이만큼 다친 것도 얼마나 큰 다행이고 축복인지. 주변에 사고를 당하여 불행을 겪는 사람들도 많이 보았기에 조금 불편한 것은 불편한 것일 뿐, 내 일상의 삶을 무너뜨리거나 빼앗아 가는 것은 아니었기에 자신을 격려하며 위로했다. 조금 더 조심하고 신중하게 생활하기로, 교만은 패망의 선봉이기에 작은 것에도 방심은 금물.

아픔을 견디며 기다려야 하는 이 시간
여유를 가지고 지내기로 했다.

2019년 6월

스티그마

목에 상처가 하나 생겼다. 누군가와 싸운 것처럼 보이는 긴 생채기 말이다. 누가 보아도 금방 알아볼 정도로 길고 붉은 상처 때문에 사람들의 시선이 의식되어 어디 다니기도 불편스러워졌다. 싸움에서나 생길 수 있는 상처의 모습을 보면서 주변에서 조심스레 물어보기도 한다. 한 마디로, 민망하다.

도대체 양순할 것만 같은 양반이 누구와 싸웠기에 저 생채기가 있는 것일까? 혹시 지난밤 부부싸움이라도 한바탕 크게 한 게 아닐까? 아니면 밤새 술이라도 먹고 누군가와 시비 끝에 다투며 싸운 상흔이 아닐까? 저마다 이런저런 추측을 하며 물어보는 눈치들이다.

발단은 어제 저녁 퇴근 후 현장식당(한바)에서 생긴 일이었다. 일찌감치 저녁을 먹은 후 3일 동안 다니지 못한 헬스클럽에 가서 운동을 할 생각이었다. 저녁상을 기다리며 담소를 나누고 있는데 식당 밖에서 아주머니와 인부 사이에 큰 고성이 오가는 것

    2부. 흔들리며 배운 은혜

이 아닌가. 불안한 마음이 드는 순간 욕지거리와 함께 "꽈당" 하며 넘어지는 소리가 들렸고 고함, 비명소리가 이어졌다. 화들짝 놀라며 순간 머릿속에 그림이 스쳐 지나갔다.

여자 주인인 식당 아주머니와 돌쇠같이 생겼던 술취한 인부들의 모습이 떠오르며 나도 모르게 반사적으로 몸을 세워 밖으로 뛰쳐나갔다. 이유는 나중 문제이고 잘못을 따지기 전에 무지한 남정네의 욕지거리 속에 뒤엉켜 넘어갈 듯한 아주머니를 보니 순간 분노가 차올랐다. 있는 힘을 다해 술취한 무지막지한 인부를 문 밖으로 밀어내 보려는 순간 글쎄 그 사람이 내 목을 움켜잡는 것이 아닌가? 몇 번인가 잡은 손을 떼어놓으려 힘을 써 보았지만 내 힘으로는 도저히 감당이 안 되었다. 이런, 떨어지기는커녕 그 잡은 손모가지 힘이 얼마나 센지 옥죈 내 목을 뒤흔들며 나에게 싸움을 걸고 들어오는 것이 아닌가? 직원들과 합심하여 간신히 잡힌 목을 풀었다. 그리고 일단 문 밖으로 내어보낸 후, 신고한 경찰들에게 뒷수습을 요청하였다. 이렇게 해서 생긴 것이 지금 나의 상처이다.

그러나 밖에서 보면 집안에서 싸워 생긴 상처의 모습으로 오해하기 쉽고 안에서 보면 어디 밖에 돌아다니다 불량배처럼 싸움질하여 생긴 상처 같다. 이 모양, 저 모양으로 변명 아닌 변명을 하게 되니 은근히 화가 치민다. 나름 의롭다 생각하며 생긴 일이기에 그놈만 생각하면 더욱 분통이 터진다.

속상한 마음을 가다듬고 하루의 일과를 정리하며 주님 앞에 상처를 보였다. 누구한테 위로받을 수 없어 주님 앞에 아뢰었는데 이러한 음성이 들려오는 것 같았다

"그래 너는 그 모습으로 속상해하며 그 상처로 인하여 부끄러워하느냐?"

"나를 위한, 나 때문에 받은 상처를 너는 가지고 있느냐?"

주님이 말씀하시는 것만 같은 음성을 듣는 순간, 진정한 부끄러움과 송구스러운 마음이 밀려왔다.

"내 몸에 생긴 이 상처는 진정한 부끄러움이 아닙니다. 주님을 위하여 받은 흔적을 가지고 있지 못하니 이 모습이 더 부끄럽습니다. 내 삶 속에 주님을 위한 사랑의 흔적 하나라도 가지고 살아가기 원합니다. 나를 위해, 모두를 위해 모진 고난과 아픔과 수치를 감당하신 주님 십자가의 흔적이 내 삶 속에서 묻어나게 하시고 주님을 위한 상처와 흔적이 나의 자랑이 되게 하옵소서!"

작은 상처, 부끄러운 마음으로 회개했다.

2005년 5월, 대구 경산 현장에서

희망재건의 원리

오늘 세이레 새벽기도회의 말씀이다. 희망재건의 원리라는 제목으로 목사님이 말씀을 전해주셨다. 위기의 시대, 어렵고 힘들다고 불평하고 원망하며 넘어지기 쉬운 힘들고 어두운 시기에 희망의 메시지로 주신 말씀이다.

하나님을 믿는 자 한 사람 한 사람이 가장 소중하고 귀한 자다. 그 이름이 하늘 생명책에 기록되어 있는 자이기에 가장 소중하고 영광스러운 사람이다. 그 어떤 사람의 인생도 단순히 잡초일 수 없다고 하셨다.

무엇보다 마음을 지키고 세우라! 무너지고 넘어지고 쓰러진 공동체의 영성과 믿음을 세워주는 자로 살아가라. 내가 주인공이라는 자신감과 믿음으로 걸어가라. 가장 우선적이고 중요한 예배를 회복할 수 있도록 먼저 자신을 세우고 공동체를 세워가라는 말씀도 해주셨다.

내가 서 있는 자리, 내가 하고 있는 일과 사역은 우연이 아니다. 하나님이 세워주신 자리이다. 가장 거룩한 성직의 일이요 봉사와 희생으로 섬겨야 하는 자리임을 잊지 말라. 하찮게 보이고 작은 일이라고 여겨질지라도 오직 하나님이 보시고 판단하시며 상급의 열매를 주신다. 불평하는 자, 훼방자 때문에 흔들리거나 무너져서는 안 된다.

세상이 어려울수록 내 자리는 내가 세워야 함을, 내가 먼저 일어서고 내가 세워야 하는 일과 사역임을 깨닫게 하셨다.

말씀을 듣고 두 손 들고 하나님께 기도하는 새벽 아침이다. 내가 먼저 흔들리지 않도록 내 자신을 먼저 세워갈 수 있도록 겸손히 하나님의 얼굴을 구하며 두 손 들고 기도했다.

자신의 욕심과 안일함이 아니라 하나님의 나라와 의를 구하고 하나님의 영광이 우선이 되는 길을 걸어갈 수 있기를 간절히 기도했다. 어떠한 환경과 조건이 주어진다 해도 기쁨으로 성실함으로 최선을 다하겠다는 마음을 결단하며 새 길을 위해 기도했다.

오늘도 새로운 하루를 허락해 주신 주님,
말씀으로 새로운 하루를 열어가게 하시니 감사합니다.

2023년 1월, 새벽 묵상

고난의 터널을 지나, 생명의 빛 가운데 서게 하소서

전립선암 판정 후 수술을 받은지 1년이 지났습니다.

1년 경과 후, 몸 상태와 진행 여부를 검사하는 CT와 뼈 스캔 검사를 받았습니다. 오늘은 검사 결과를 들으러 집을 나섰습니다. 기대와 긴장이 동시에 몰려옵니다. 버스에 몸을 싣고 병원으로 가는 길. 지나간 시간들에 대한 감회가 잔잔히 다가옵니다. 지난해, 조직 검사 결과를 들으러 병원으로 가는 버스 안에서 주님께 기도하며 적었던 기도문이 생각났습니다. 두려움과 염려가 밀려왔지만 모든 과정과 결과는 주님께서 저를 살리시기 위한 과정임을 확신하며 어떠한 결과에도 가장 좋은 길로 인도해 주실 것을 믿고 주님께 올려드린 기도였습니다.

그날 최종적으로 전립선암 판정을 받고 담담하게 집에 돌아와 아내와 함께 손을 잡고 기도하는데 아내가 많이도 울었지요. 미안하기도 하고 마음이 아파 함께 울며 기도했던 시간도 생각이

났습니다. 그리고 어떠한 경우에라도 하나님 앞에 원망과 불평을 하지 말자. 입으로라도 죄를 짓지 말자고 결심도 했었습니다. 그리고 더 많이 감사하자. 지금까지 주님 은혜로 잘 살아왔으니 감사함으로 치료의 과정들을 잘 견디어 나가자고 격려했습니다.

수술을 위한 여러 검사 과정을 마치고 지난 23년 6월14일 수술대에 올랐습니다. "두려워 말라 놀라지 말라 내가 너와 함께 함이니라"라고 쓰인 수술실 천장의 글귀를 마음에 담고 수술실에 들어갔습니다. 긴 시간이 흘러 마취에서 눈을 뜨고 감사를 외치는 순간부터 통증이 밀려왔고 진통제를 맞으며 일주일간의 힘든 입원치료를 받았습니다. 그렇게 어렵고 고통스러웠던 치료의 시간들. 서서히 회복하고 정기검사를 받으며 지내온 1년은 희망과 두려움, 기대와 실망의 감정들을 통과하는 시간이었고, 오늘까지 왔습니다. 그리고 종합적인 검사에 대한 결과를 오늘 듣게 되었습니다.

"뼈와 복부 그리고 혈액상태 모두가 깨끗합니다."

담당 교수님이 이 상태를 보며 이제 6개월에 한 번 혈액 검사를 진행하자고 하십니다. 감사 인사를 드리고 나왔습니다. 무슨 말이 필요하겠습니까? 입술로 나온 첫 말은 "하나님 아버지 감사합니다"였습니다. 감사한 마음이 넘치니 몸도 마음도 한층 가벼워 날아갈 것같이 좋았습니다. 지금까지 걸음걸음 함께하시며 인도해주신 하나님 아버지께서 앞으로 남은 인생 가운데 저를 지켜주시고 보호해주시며 동행하여 주실 것을 믿고 기도했습니다. 1년을 뒤돌아보며 '앞으로의 삶을 어떻게 살아가야 할까' 생각도 해 보았습니다. 방심하지 말고 몸과 마음을 잘 관리하자고 새롭게 다짐했지요.

오늘 내가 할 수 있는 일과 하고 싶은 일들이 있다는 것에 감사하고 기뻐하며 생활하기로 했습니다. 일상의 작은 일, 작은 것 하나가 소중하다 생각하니 소홀히 할 수가 없네요. 사랑하는 가정과 직장 그리고 교회는 나에게 살아가야 할 소망이요 사명입니다.

그리고 암 판정을 받고 결심하며 다짐했던 것처럼 원망과 불평을 멀리하고 더 많이 감사하고 사랑으로 나누고 섬기며 살아가야겠습니다. 하루의 일상이 축복이고 기적임을 기억하며 작은 행복을 누리며 살겠습니다.

수술 후 1년

2024년 6월

청송대에 앉아

저는 지금 연세대 캠퍼스 내에 있는 청송대라고 불리는 아름다운 자연 숲속을 걷고 있습니다. 청송대란 소나무 소리를 듣는다는 낭만적인 의미도 있지만 연세대학교의 상징과도 같은 아름다운 숲길이자 휴식 공간이기도 합니다. 수십 년 된 소나무와 전나무가 서 있는 산책로에 들어서면 도시 가운데서 산속에 들어온 것 같은 고요함을 느낄 수 있어 사색하기에 좋은 장소이기도 합니다.

오래전에 이곳에 자주 오곤 했습니다. 그 벤치에 앉아 잠시 생각에 잠겼습니다. 지난 시간 더듬어보니 15년이 흘러- 그 자리에 오게 됐으니 감회가 새롭습니다. 돌아보면, 저는 2010년부터 시작된 연세대 암전문병원 신축공사를 맡아 책임 감리원으로서 감리업무를 4년간 수행했습니다. 2014년에 준공하여 암 병원을 개원하게 된 것이지요. 암 전문 대형병원이라는 특수성이 있는 건축물은 매우 복잡하고 어려운 공법과 장비가 투입되는 공사였습니다. 신공법의 공사와 최신 의료장비가 설치되는 특수 건축물의 공사는 많은 기술과 노력이 필요한 공사였습니다. 기존 병원을 운영하면서 진행된 공사였기에 오가는 차량과 보행하는 많은 사람들의 안전관리도 매우 중요했습니다. 사고가 없도록 엄격하고도 세심하게 관리해야만 했습니다. 병원 내에서 진행된 공사는 한시도 긴장의 끈을 놓을 수 없는 고된 시간들이었습니다.

그때 그 시절의 일입니다. 청송대는 신촌세브란스병원과 연세대 캠퍼스를 잇는 도로 옆에 위치하고 있습니다. 현장 업무를 보며 점심시간을 이용하여 이 동산에 자주 올라왔습니다. 짧은 시간이지만 이 동산에 올라와 갖는 휴식시간은 나만의 힐링 시간이요, 잠시라도 현장을 위하여 조용히 기도를 올리는 기도의 시간이기도 했습니다.

오늘 그 자리, 그 동산의 벤치에 앉아 보니 불현듯 그때 올려드렸던 기도의 제목들이 떠올랐습니다. 언제나 빠뜨리지 않고 드렸던 기도의 내용을 떠올리며 읊조려도 보았습니다.

"하나님 아버지, 암전문병원 공사가 사고 없이 안전하게 진행되게 하시고 이곳에서 일하는 모든 근로자와 직원들도 다치는 일이 없도록 보호하여 주시옵소서. 품질이 확보된 병원이 준공되어 고통받는 환우들이 이 병원을 통하여 온전히 치료받게 하시고 살아계신 하나님의 손길과 사랑을 경험하는 병원이 되게 하옵소서"

날마다 변함없이 기도드린 내용이었습니다. 15년이 지난 오늘 내가 암환자가 되어 이곳에서 치료의 과정을 보내고 있습니다. 병원공사를 진행하며 올려 드렸던 기도의 제목들이 땅에 떨어지지 않고 응답으로 저에게 다가오는 것 같았습니다.

방사선 치료를 마치고 첫 검사 결과를 듣는 오늘, 15년 동안 변함없이 서 있는 푸르른 청송대에 앉아 한결같은 주님의 손길과 숨결을 느껴봅니다.

2025년 9월
방사선 치료 후 첫 검사 결과 날

덤으로 사는 인생

지난 수술 이후 지금까지 지내온 것, 모두 주님의 은혜입니다. 이제 2년이 훌쩍 지나 3년을 바라보고 있으니 과정 과정 한순간도 주님의 인도하심과 보호하심 없이는 지내올 수 없는 시간들이었음을 고백합니다.

지난 시간 몸 관리로 마음졸이며 지내왔던 시간들을 되돌아봅니다. 힘든 수술을 마치고 1년 6개월 동안 건강에 이상 없이 잘 지내왔습니다. 나름 몸과 마음 관리에 신경 쓰며 지내왔지요. 정기적인 검사도 때에 맞추어 잘 받았습니다. 가급적 건강 식단을 고려하여 먹었고, 무리하지 않는 선에서 운동도 꾸준히 하면서, 정상적으로 직장 생활을 해왔습니다.

1년 6개월 만에 받은 정기검사 결과. 염증 수치에 변동이 생겼습니다. 마음이 많이 흔들렸습니다. 이상 없이 건강하게 잘 지내왔다 생각했는데 무엇이 문제였을까? 의문과 걱정이 꼬리에 꼬리를 물기 시작했습니다. 또 시련이 찾아온 것 같았습니다. 다른 곳에 문제가 생기는 것은 아닐까, 아니면 더 강한 항암치료를 받아야 되는 것은 아닌지, 염려가 밀려왔습니다. 암 판정과 수술과 치료의 과정 속에 어찌할 바 모르고 암울했던 시간들을 어떻게 견디며 지내왔는지를 떠올려 보았습니다. 어떠한 상황과 환경일지라도 함께 해주실 주님만을 의지하고 기도하며 잘 견디어왔구나, 라는 생각으로 다시 한번 마음을 추스렸습니다.

검사 결과를 보신 후 담당 교수님의 권유가 있었습니다. 염려할 수치는 아니지만 온전한 치료를 위해 방사선 치료를 받기로 결정했습니다. 한여름 무더운 날씨 속에 약 1개월 동안 24번의 방사선 치료를 받으러 주중 매일 병원을 다녀야 했습니다. 다른 장기에 부작용이나 후유증이 최소화되도록 2시간 이상 소변을 참고 기다리는 것이 매우 곤혹스러웠습니다. 방사선 치료기에 들어가 치료를 받는 시간은 길게만 느껴집니다. 짧지 않은 시간 긴장감 속에 간절한 기도가 저절로 흘러나옵니다. 작은 소리로 읊조리며 기도를 합니다.

"사랑의 주님! 이곳 치료실에 주님의 성령께서 충만히 임하여 주소서, 치료하는 기계와 의사들의 손길을 주관하여 주사 실수나 오류가 없게 하소서. 그리고 치료의 방사선이 하나님이 발하는 광선이 되어 주셔서 암의 뿌리가 완전히 소멸되고 주변 장기

   2부. 흔들리며 배운 은혜

와 세포에 피해와 부작용이 없도록 도와주시옵소서. 그리고 남은 생애 건강한 몸으로 주님이 주신 사명과 본분을 기쁨과 감사로 잘 감당할 수 있기를 원합니다.”

간절한 마음으로 기도했습니다. 방사선 치료를 마치고 3개월이 지난 후 PET CT 검사를 통하여 몸 전체의 이상 여부를 관찰하는 검사를 받았습니다. 교수님께서 염증 수치는 조금 떨어졌고 CT검사 결과도 이상이 없으니 걱정하지 말고 6개월 이후에 정기검사를 받자고 하십니다. 마음속으로 할렐루야를 외쳤습니다. 하나님 아버지 감사합니다! 외치고 외쳤습니다.

앞일은 알 수 없습니다. 그러나 지금까지 주님 은혜로 살아왔으니 남은 시간도 주님 은혜로 살아갈 것입니다. 어려울 때마다 아버지 앞에 달려 나가 주님의 이름을 부를 수 있다는 것이 저에게는 크나큰 특권이요 힘이요 능력이 되었음을 고백합니다. 제가 할 일은 기쁨으로 감사하며 겸손히 최선을 다해 살아내는 것입니다.

아파보니 건강이 귀하고 소중한 선물이었음을 절감합니다. 건강하게 생활하는 동안 일상의 작은 것 하나라도 거기에 담긴 아름다움을 놓치지 않고 살아가야겠다고 다짐해 봅니다.

1. 모든 것은 내가 살아온 삶의 결과이다.

   - 책임은 나에게 있다.

2. 비교하지 말고 원망과 불평을 멀리하자.

   - 나도 열심히 성실하게 살아가고 있다.

3. 나를 긍정하고 칭찬하자.

   - 많은 어려움들을 잘 참고 견디며 이겨왔다. 이길 수 있다.

4. 일과 관계를 이해하는 마음으로 포용하며 관대해지자.

   - 가능하면 부딪히지 말자.

5. 기쁨을 잃지 말고 감사하자.

   - 작은 것에서부터 감사를 자주 고백하자.

6. 긍정적인 해석과 태도를 갖자.

   - "잘하고 있다, 잘될 것이다"라고 말하자.

7. 삶의 목표와 목적을 붙잡고 살자.

   - 의미와 가치가 있는 일에 집중하자.

8. 모든 일에는 주님의 선하신 뜻과 목적이 있음을 믿고 순응하자.

　　　　　　　　　　　　　　　

지금은 덤으로 살아가는 인생이요, 하루하루가 주님이 주신 가장 소중한 선물이기에 "세월을 아끼라" 하신 말씀처럼 깨어있는 마음으로 더 많이 감사하며 사랑하며 살겠습니다.

수술 후 2년 6개월

2025년 12월, 방사선 치료를 마치고

장모님 병문안

장모님은 올해 칠순(七旬)을 맞이하셨다. 나이에 맞지 않을 정도로 건강하시고 활동적이셨다. 한 해 전만 해도 시골의 많은 농사일과 집안일을 챙기시며 10여 년 동안 수영을 다니실 정도로 건강하시고 부지런한 분이셨다. 장모님은 자녀들에 대한 사랑이 크고 크신 분이셨다.

고된 농사일로 거두신 수확의 열매들은 자녀들에게 아낌없이 나누어 주시며, 더 주지 못해 늘 안타까워 하시던 분이시다. 신혼생활 시절, 시골에서부터 먼 길을 몇 번씩 차를 갈아타시며 그 무거운 쌀과 김치통을 메고 오셔서 수년 동안 큰 사랑을 베풀어 주셨던 장모님이시다.

얼마 전 그러니까 칠순 잔치를 며칠 앞두시고 앓던 치아를 새로 끼우셨단다. 새로 끼운 치아에 문제가 생겼다. 새로 하신 치아로 인하여 진통이 너무 심하게 오게 되었고 며칠을 참고 견디시

다가 결국 새로 한 치아를 빼기로 하셨단다. 그런데 이 과정에서 또 한 번의 무리가 있었던 모양이다. 과한 마취 후 턱이 빠질 정도로 강한 망치질과 무리한 치료로 몸에 이상이 생긴 것 같다고 하셨다. 치료 후, 머리의 반쪽 부분과 귀, 얼굴, 입술의 감각이 없어지고 심한 두통으로 병원에 입원하게 된 것이다.

이 일도 사실 외부에 있는 자식들에게는 알리지도 않으시고 장모님 홀로 감당하고 계셨다. 수일 후 아픈 몸을 이끄시며 이 병원 저 병원을 전전긍긍 다니시는 것을 알게 되었다. 수원에 있는 한방병원에 입원하여 계신 장모님을 아내와 함께 찾아뵙게 되었다. 수척해지시고 침 치료로 눈가 위 피부가 퍼렇게 멍들어 있는 것처럼 변하였고 힘이 없이 처진 모습을 보는 순간 목이 메었다…

장모님은 이곳저곳 치료 과정을 겪으며 속이 많이 상해 있으셨다. 치아 치료를 좀더 신경 써서 했더라면 이 지경이 안되었을 것이라고 말씀하시니 자식 된 도리를 못해 드린 것 같아 송구함이 밀려왔다. 두통을 호소하시는 장모님의 모습을 어떻게 위로할 수 없어 결리신 어깨와 팔을 주물러 드리며 하나님께 기도했다. 하나님을 알지 못하는 장모님의 회복과 영혼 구원을 위해 기도했다. 모든 인생을 주관하시는 하나님께서 장모님의 연약한 몸을 만져주시고 영혼을 사랑하여 주사 어려움 가운데에서라도 예수님을 영접하고 구원받은 하나님의 자녀로 삼아주시기를 간절히 기도했다.

아픔과 고통 가운데에서도 당신을 걱정하지 말라며 오히려 자녀들을 걱정하시고 염려해 주시는 장모님의 크고 애틋한 사랑을 마음에 담고, 떨어지지 않는 발걸음을 뒤로한 채 병원문을 나섰다.

·

·

그 후로 약 한 달의 시간이 흘러…

장모님을 위한 간절한 기도가 교회의 기도 제목으로 끊임없이 이어졌다. 입원 중에 계셨던 장모님은 복음을 듣고 예수님을 영접하셨다. 병중 세례를 받아 하나님의 자녀로 천국 소망을 가지고 마지막까지 병원 치료를 이어가셨다. 꿈 속에서 광채 나는 예수님을 뵈었다고 기뻐하시며, 하얀 옷을 입은 천사들과 함께 빛나는 곳으로 걸어가셨다는 간증을 남기시고 평안한 모습으로 하늘 아버지 품에 안기셨다.

2000년 4월, 부활주일

다시 뛰는 심장, 아내가 다시 태어난 날

아내가 심장에 문제가 있어 시술을 받았다.

서맥으로 인한 심장 박동기를 몸 안에 부착하는 시술이었다.

나이 60. 환갑을 맞이한 날.

병원에 입원했다.

아내는 환갑에 심장이 새로 태어나는 날이라고 웃으며 말했지만

내 마음과 심장은 고통을 느껴야만 했다.

그동안 쉴 틈 없이 일에 매진하며 살아온 인생이었다.

지나온 시간

자기 몸 돌보지 않고 가족과 교회의 맡겨진 소임을 위해

헌신적으로 살아온 아내.

남편으로서 잘 돌보고 보살펴 주지 못한 미안함과

아쉬움이 밀려왔다.

목사님과 주변 성도님들의 뜨거운 기도와

가족 친지들의 사랑과 격려가 이어졌다.

아내의 몸이 아프고 보니 측은지심(惻隱之心),

잘 대해주지 못하여 미안하고 후회스러운 마음이 밀려왔다.

아내를 위하여 부어진 주변의 많은 분들의 기도와 격려와 사랑이

미안해하던 내 마음에 작은 위로가 되었다.

이러한 모습을 보니 아내가 살아온 삶의 걸음이

성실하고 진실하였음을 느끼며 감사했다.

이제 바쁘게만 일해왔던 일들도 내려놓았으니

건강을 회복하여 인생의 후반전을 새롭게

시작하는 기회가 되었으면 좋겠다.

아내가 환갑을 맞아 다시 태어난 날,

건강한 몸과 마음으로 기쁨과 감사가 넘치는

평안한 삶이 되기를 기도하고 축복하며

조금 더 아끼고 사랑하며 살아야 한다고

무디고 무지한 내 자신을 조용히 타일러 본다

2021년 3월

아내가 심장시술 받은 날

　　　　　2부. 흔들리며 배운 은혜

3부

맡겨주신 자리에서

청지기로 살아가는 일상의 결단

†

"무슨 일을 하든지 마음을 다하여
주께 하듯 하고 사람에게 하듯 하지 말라
이는 기업의 상을 주께 받을 줄 아나니
너희는 주 그리스도를 섬기느니라"

골 3:23-24

대구 현장, 그날의 기억

낯선 곳으로의 첫발, 그리고 무거웠던 마음. 오늘, 2006년 5월 16일은 대구 현장으로 발령받아 내려온지도 꼭 1년이 되는 날입니다.

지금껏 직장 생활을 하며 집과 가족을 떠나 홀로 생활해 본 적이 없었습니다. 결혼 후에도 늘 가족의 온기 속에서 이사하며 함께 살아왔기에, 근무지가 대구로 확정되던 날 제 마음은 착잡함과 근심으로 가득 찼습니다. 낯선 환경에 대한 걱정으로 며칠 동안 어찌할 바를 몰랐던 기억이 납니다. 대구로 떠나기 전날 밤, 아내와 잠자리에 누워 손을 맞잡고 이런저런 이야기를 나누며 훌쩍거리기도 했습니다. 결혼 후 난생처음 겪는 이별이었기에, 괜한 서운함과 아쉬움이 밀물처럼 밀려왔던 것 같습니다. 그렇게 무거운 발걸음으로 시작한 대구 생활도 벌써 일 년이 흘렀습니다.

우물 안 개구리에서 광야의 예배자로 지나온 한 해를 돌이켜 보니, 그때의 근심은 순수했지만 미숙한 생각이었습니다. 그곳에는 제가 알지 못했던 하나님의 숨은 섭리와 치밀한 계획이 있었습니다. 우물 안 개구리처럼 익숙한 곳에만 머물던 저를 색다른 환경으로 이끄셔서 적응하게 하시는 과정은 참으로 즐겁고 유익한 경험이었습니다. 지방 숙소 생활을 하며 매주 주말마다 먼 거리를 오가야 했지만, 단 한 번의 사고 없이 안전하게 지켜 주신 하나님의 손길에 감사하지 않을 수 없습니다.

무엇보다 감사한 것은 '주일 성수'의 은혜입니다. 타지에 있으면서도 한소망교회에서 매주 예배를 드릴 수 있음이 제게는 가장 큰 축복이었습니다. 잠시 떨어져 있어 보니 가까이 있던 것들이 얼마나 소중한지를 비로소 알게 되었습니다. 가정과 가족, 교회와 셀 모임. 함께한다는 것이 얼마나 값진 은혜였는지를 대구 생활 속에서 깨달았습니다.

연약함을 강함으로 바꾸시는 하나님. 1년이 지나는 동안 제 몸과 마음은 오히려 이전보다 더 강건해졌습니다. 주말부부로 지내는 시간은 부부간의 애틋함을 더했고, 가족의 소중함을 뼈저리게 느끼는 사랑의 훈련 기간이 되었습니다. 이 모든 것이 저를 위해 예비하신 하나님 아버지의 준비된 은혜였음을 이제야 고백합니다.

지난날 염려로 밤을 지새웠던 저를 생각하니, 주님의 인도하심과 동행하심을 온전히 신뢰하지 못했던 부끄러운 모습이 떠오릅니다. 이제 남은 대구에서의 시간은 저의 모든 형편을 가장 잘 아시는 주님께 온전히 맡겨드립니다. 연약함을 들어 강하게 사용하시는 주님의 은혜를 찬양하며, 오직 주님과 함께하는 형통한 삶이 되기를 간구합니다.

기쁨과 소망의 이름, 한소망 공동체. 지난 일 년의 삶은 두려움이 변하여 기쁨이 되고, 눈물이 변하여 찬송이 된 시간이었습니다. 한소망 공동체의 소중한 셀 가족들과 아픔과 기쁨을 나누며 함께 기도할 수 있었음이 제 삶의 큰 버팀목이 되었습니다. 비록 몸은 대구 현장에 떨어져 있을지라도, 마음만은 늘 하나입니다. 우리에게 주신 비전과 사명을 향해 함께 달려갈 수 있음에 가슴 벅찬 기쁨을 느낍니다.

대구에서의 1년, 4계절, 52주, 그리고 365일. 모든 순간이 하나님의 은혜였음을 고백하며 그 날을 기억해 봅니다.

2006년 5월

내 삶의 주권을 드리는 청지기의 고백

우리가 마주한 현실은 끝이 보이지 않는 질병의 위협과 경제적 불안으로 가득 차 있습니다. 하지만 그리스도인인 우리에게 이 싸움은 단순한 환경의 전쟁이 아닙니다. 이것은 본질적으로 '믿음의 전쟁'입니다.

2021년 한 해, 제가 품은 간절한 소원은 오직 하나, "큰 믿음을 허락하여 주시옵소서"라는 기도입니다. 세상의 요동치는 환경과 조건에 마음을 빼앗기는 것이 아니라, 광대한 역사를 주관하시는 하나님을 바라보는 믿음의 눈을 갖기 원합니다. 인생의 승패는 무기의 성능이나 환경의 유리함에 있지 않고, 내 안에 살아계신 하나님을 향한 '믿음'이 있느냐 없느냐에 달려 있음을 고백합니다. 내가 하나님의 편이 되고, 하나님이 내 편이 되어 주시는 그 거룩한 동행이 내 삶의 가장 우선순위가 되기를 소망합니다.

사사기 시대, 드보라의 전쟁에서 목숨을 아까워하지 않고 신속히 달려 나와 충성했던 납달리와 스불론 지파를 떠올려 봅니다. 반면 다른 지파들은 자신들의 안위와 생업을 핑계로 헌신의 자리를 회피했습니다. 하나님 나라의 언약을 성취하기 위해 때로는 세상의 안락한 보장을 깨뜨릴 줄 아는 용기가 제게도 있기를 원합니다. 하나님의 장막을 견고히 세우기 위해 나의 장막을 파하는 결단은, 결국 "내 모든 소유가 주님의 것이요, 내 삶의 주인이 주님이시며, 모든 주권이 주님의 손 안에 있습니다"라는 정직한 고백에서 시작됨을 믿습니다. 이것이 바로 청지기로 부름 받은 우리가 가야 할 길입니다.

청지기로서의 삶은 구체적인 결단으로 나타나야 함을 깨닫습니다. 일평생 주일 성수의 결단을, 어떤 상황 속에서도 훼손하지 않고 거룩히 지켜내겠습니다. 또한, 하나님께 드리는 예물과 십일조는 단순히 물질의 일부를 드리는 행위가 아니라, '나 자신'을 온전히 주님께 올려드리는 신앙 고백임을 잊지 않겠습니다. 인색함이나 의무감이 아니라, 나를 구원하시고 인도하시는 주님을 향한 기쁨과 감사, 그리고 뜨거운 사랑을 담아 정성껏 봉헌하는 삶을 살겠습니다.

하나님 아버지, 2021년의 첫 단추를 끼우며 주님을 향해 믿음의 첫걸음을 내딛습니다. 비록 세상은 여전히 어둡지만, 주님께서 새해의 문을 활짝 열어주셨기에 그 너머에 있는 약속의 땅, 축복의 땅, 은혜의 땅으로 우리를 반드시 인도하시리라 믿습니다. 어떤 폭풍우 속에서도 흔들리지 않는 큰 믿음을 주시어, 올 한 해가 영적 승리로 가득한 복된 시간이 되게 하옵소서. 주님을 사랑하는 자들의 앞길이 마치 새벽을 뚫고 솟아오르는 태양과 같기를 간절히 기도합니다.

"주를 사랑하는 자들은 해가 힘있게 돋음 같게 하시옵소서"(삿 5:31)

2021년 1월
청지기 주일예배 후

기도로 세운 성벽, 익산의 노래

전국체전을 앞두고 개선 공사를 시작한 익산종합운동장 공사. 오늘로서 꼭 18개월 10일이 지나 공사가 준공되었다. 낯설었던 익산에 내려와 시작한 게 어제 같은데 이제 모든 공사를 완공하고 제99회 전국체전과 제38회 장애인체전까지 무사히 마치게 되었으니 감회가 새롭다. 무엇보다 함께하시고 인도해주신 주님의 선하신 손길 앞에 감사와 영광을 돌린다.

새롭게 시작하는 현장에서 겪게 되는 많은 공정의 일들은 언제나 다른 환경에서의 일이기에 적재적소에 적용해야 하는 안전과 품질시공의 관리와 노력이 필요하다. 그리고 새로운 수많은 사람들과의 만남 속에 협력해야 하는 일이기에 좋은 관계 속에서 협력하여 일을 진행하는 것도 중요하다.

감리단장으로서의 역할과 사명을 지혜롭게 성실하게 감당할 수 있기를 간절히 기도하며, 그 기도의 마음으로 업무를 감당해왔다. 기도로 시작했던 익산종합운동장 개선 공사 프로젝트가 기도 속에 완공되고 모든 행사가 순조롭게 잘 마쳐졌으니 감격과 감사의 마음이 넘친다. 이번 익산종합운동장 개선 공사는 세밀하고도 선하게 인도해 주신 주님의 손길과 주님의 응답을 경험한 특별한 시간들이었다. 발주청과 시공사 그리고 수많은 공정의 책임자들과 소통과 협력을 이끌어야 하는 감리단장의 역할을 감당할 수 있도록 좋은 사람들을 많이 만나게 해 주신 것이 참 감사했다. 그리고 무겁고 어려운 공정의 작업 속에 사고나 크게 다치는 일 없이 안전하게 공사를 마쳤으니 참으로 주님께 감사하다.

전체 공정을 이끌며 공사가 지연됨 없이 품질시공을 이루게 된 것도 감사하고, 전국체전에 관련된 정부기관의 주요 인사들에게 발표했던 브리핑의 시간들을 비롯하여 작은 공적을 인정받아 전북도지사 표창까지 받게 된 것도 기술자로서 말할 수 없는 기쁨과 긍지와 보람이 되었다.

가정과 떨어진 곳을 오가며 홀로 외롭고 힘들게 생활해야 했던 외지생활들. 부족한 것도 많고, 몸과 마음이 아플 때도 많이 있었는데 작은 신음에도 응답해 주신 주님의 손길이 지금까지 인도해주시고 보호해 주셨기에 주님 앞에 감사할 뿐이다.

이제 모든 일을 마치고 감사한 마음으로 이 글을 쓰고 있으니 지난 일들이 감격이 되고 감동으로 밀려온다. 끝은 새로운 시작. 언제나 새 길을 열어가시는 주님 앞에 설레는 마음으로 새로운 일을 기대하며 기도한다.

"주님, 어느 곳에 머물지라도 그곳이 즐거운 보람의 일터 사역지가 되게 하소서 다시 여시는 새 길 위에 성실의 등불을 켜게 하소서"

2018년 10월

익산 여정

익산을 떠날 준비를 하니 왠지 서운함과 그리움들이 밀려와 꾸려야 할 짐들이 손에 잘 잡히질 않는다. 지나간 시간들 속에 흘린 땀과 눈물이 있어 많이도 정이 들었나 보다.

이제 헤어져야 할 것들을 잘 마무리하고 정리해야 할 시간. 무엇보다 이곳에서 만나고 함께 했던 모든 분들에게 고마움과 감사의 마음을 잘 전하고 떠나야겠다는 생각을 했다. 얼마 남지 않은 시간, 아쉬움이 없도록 점심과 저녁 시간들을 쪼개어 만남을 주선하였다. 그리고 작은 사랑과 감사의 마음을 전하였다.

발주청의 감독들, 시공사와 협력업체의 임직원들, 숙소의 집주인 내외분들에게도 마지막 감사의 마음을 전하였다. 만나지 못한 분들과 주변 분들에게는 감사의 문자라도 보내며⋯ 나에게 주어진 만남과 헤어짐을 같이 했던 인연들. 결코 우연이 아님을 알기에 소중한 마음으로 추억을 담아 본다. 서로에게 미안함과 서운함이 있다 할지라도 사랑의 마음으로 마지막 인사를 잘 나누었다.

마지막 밤, 잠을 설치며 새벽3시에 눈을 떴다. 챙겨놓은 마지막 짐을 차에 싣고 방 정리를 하니 새벽 3시40분. 19개월의 여정을 뒤로하고 정든 익산을 떠났다. 찬 새벽공기를 가르며 아침 7시경 일산 집에 도착했다.

새벽 시간이라 막힘없는 고속도로를 힘차게 달려왔다. 안전하게 집에 도착하여 동행해 주신 주님께 감사드리며 고향에 안긴 것 같은 포근함으로 안식을 취했다. 오후에는 안양에 있는 본사를 방문하여 귀가 인사를 드렸다. 따뜻하게 맞이해준 임직원들과 인사를 나누었다.

"하나의 프로젝트를 허락하시고 마무리 할 수 있도록
 선하게 인도해 주신 주님,
 또 새로운 프로젝트의 문을 열어가실 주님을 기대합니다."

2018년 11월

만추의 고성, 기도로 완공한 집

결실의 계절이 깊어가는 고성 땅,
생소했던 풍경 위로 낯선 이름의 집 한 채
'공공실버주택'이 비로소
든든한 자태를 드러냈습니다.

스물한 달, 길고도 짧았던 인고의 시간.
수천의 손길이 모여 하나의 생명을 잉태하듯
산고(産苦)를 치러낸 끝에 마주한 준공의 기쁨.
가슴 벅찬 감격이 만추의 바다처럼 밀려옵니다.

서른여덟 해,
건축의 외길을 걸어오며 수많은 현장에서
위기의 리스크를 마주할 때마다
마음 졸이며 지켜온 것은 오직 품질과 안전,
그것은 기술자의 자부심이자
사명자의 눈물이었습니다.

"먼저 그의 나라와 의를 구하라" 하신 말씀을 품고
일터 사역자의 단단한 마음으로 현장을 누볐습니다.
감리단장의 무거운 책임이 어깨를 누를 때마다
주님은 지혜를 더하시고 권위의 옷을 입혀 주셨습니다.

발주청과 건설사, 주님이 연결하여 주신
소중한 협력의 인연들과 하모니를 이뤄
무사고의 기적을 일구었으니
이 모든 여정 중 어느 것 하나
아버지의 인도하심 아닌 것이 없습니다.

먼 길 오가는 발걸음을 기도로 붙들어준 가족들,
함께 마음 모아준 소중한 믿음의 공동체 가족들에게도
이 아름다운 결실의 열매를 듬뿍- 나누고 싶습니다.

고성에서의 마지막 페이지를 넘기며
또다시 새 길을 여실 주님을 바라봅니다 .
지나온 모든 순간이 은혜였음을, 사랑이었음을 고백합니다.

2020년 10월

만추의 계절 고성 현장을 마치고

PEACE MAKER
갈등의 골짜기에서 화평을 구하다

요즘 내가 맡은 현장에는 찬바람 대신 갈등과 분쟁의 열기가 가득하다. 직원들 사이는 물론, 시공사와 CM단(건설사업관리) 사이에서도 날 선 대립이 계속되고 있기 때문이다. 그 이면을 자세히 들여다보면, 그곳엔 자기만의 '자존심'과 '이기심'이 가득 차 있다. 조금만 내려놓으면 될 일들인데도 각자의 입장과 주장만 내세우다 보니, 사소한 오해가 감정 싸움으로 번지고 때로는 폭력이 오가는 극단적인 상황으로 치닫기도 한다.

현장의 책임자로서 나는 이 엉킨 실타래를 풀기 위해 노력하고 있다. 문제의 핵심을 냉정하고 공정하게 살피며, 주님의 지혜로 화해의 길을 열어보려 애쓰지만 결코 쉬운 일이 아니다. 모두가 '아전인수'격으로 자기 목소리만 높일 뿐, 상대의 잘못을 지적하며 정작 자신의 허물은 보지 못하기 때문이다.

중립적인 위치에서 사람들을 통합해가는 과정을 겪으며 뼈저리게 느끼는 점이 있다. 그것은 '일'보다 '관계'가 훨씬 중요하다는 사실이다. 점점 개인화되고 이기적으로 변해가는 세상 속에서, 서로의 입장을 바꾸어 생각하는 '역지사지'의 여유가 사라진 것 같아 참으로 안타깝다. 상대방을 이해하고 존중하며 소통하는 능력은 이 시대에 가장 필요한 역량이다. 아무리 내 주장이 옳고 정당하다 해도, 그것을 전달하는 언어와 태도가 무례하다면 상대의 마음 문은 닫히고 만다. 상대를 무시하는 태도나 고집은 상처의 골만 깊게 할 뿐이다. 감정을 다스리고 객관적인 사실에 근거하여 문제를 해결하기 위해서는, 무엇보다 깊은 인내와 지혜로운 대화의 기술이 필요함을 절감한다.

현장의 분쟁은 나에게도 커다란 거울이 된다. 타인의 어리석음을 보며 '반면교사'로 삼는다. 나 역시 타인에게 군림하려 하지는 않았는가? 내 안에도 '내로남불'식의 이중잣대는 없었는가? 타인의 허물을 탓하기 전, 내게도 반복되는 어리석은 행동을 멈춰야겠다고 다짐해 본다.

분쟁과 갈등이 깊어가는 이 시대에, 내가 서 있는 이 거친 현장에서 '화평케 하는 삶'을 사는 것은 이제 선택이 아닌 절실한 사명이 되었다.

"화평하게 하는 자는 복이 있나니 그들이 하나님의 아들이
    라 일컬음을 받을 것임이요"(마 5:9)

주님, 내가 있는 이 자리에서 먼저 '피스메이커(Peace Maker)'
로 살게 하소서. 우리가 믿음으로 의롭다 하심을 받았으니, 우
리 주 예수 그리스도로 말미암아 하나님과 화평을 누리라고 하
신 로마서 5장 1절의 말씀처럼, 그 하늘의 화평을 내 일터로 흘
려보내기를 원합니다. 거친 언성이 오가는 현장이 부드러운 소
통의 장이 되도록, 오늘도 주님의 마음을 품고 한 걸음 내딛습
니다.

2022년 5월

광진구 개발지구 현장에서

아무리 작은 것일지라도

재정관리. 그것은 늘 중요하지만 어려운 것이었습니다. 그래서 한소망교회에서 진행한 성경적 재정교육을 소망과 기대감으로 시작하였습니다. 짧지 않은 10주간의 재정교육을 마치고 새로운 성경적 재정관을 배우게 되었습니다. 이 교육과정은 참된 그리스도인이, 이 세상 속에서 살아가는 삶의 모든 영역 속에서, 하늘나라의 가치를 품고 어떠한 우선순위로 살아가야 하는 것인지 배우는 시간이었습니다. 즉, 새로운 라이프 스타일을 익히는 자리였습니다.

한주 한주 새로운 주제를 예습하고 공부하며 삶에 적용하는 과정들을 통하여 그동안 잘 알지 못했던 재물과 물질 관리에 대한 성경적인 소중한 가치와 원리들을 배울 수 있었습니다. 마치 밭에 감추인 보배들을 하나 하나 발견해가듯, 새로운 기쁨을 맛보는 소중하고 귀한 시간들이었습니다.

재정관리에 대해서는 나름대로 바르게 사용한다고 생각해 왔는데, 이번 과정을 통하여 성경의 원리들을 실제 생활에 적용하고 분석해 보니 나의 재정관리가 무계획적이었으며 과소비와 낭비가 많았음을 깨달았습니다. 또한 물질과 재물에 대한 장·단기적인 계획을 일찍이 세워서 준비하지 못했다는 아쉬움도 있었습니다.

그러나 지금부터라도, 비용을 어디서 절약하여 저축하고, 재물을 어떻게 지혜롭게 늘려가야 하는지를, 크라운 머니 맵- 여정을 통하여 구체적인 목표와 계획들을 세워가며 작은 것부터 시작할 수 있게 되었습니다. 무슨 일을 하든지 마음을 다하여 주께 하듯 하라는 말씀은, '일에 대한 보상과 상급은 주님이 채워주신다는 것을 배우며, 직업과 일에 대한 관점과 사명을 새롭게 하는 계기가 되는 말씀'이었습니다. 보물이 있는 곳에 우리 마음이 있듯이 물질 관리에 대한 나의 태도가 곧 나의 믿음과 신앙의 척도인 것도 알았습니다.

아무리 작은 것일지라도 하나님의 것을 구별하여 온전하고 정직하게 하나님 앞에 드리는 일과 가족과 이웃을 돌아보아 사랑으로 나누는 삶이 큰 축복임을 깨달았습니다. 작은 것이라도 바르게 실천하며 살아가기로 결심하였습니다. 때로는 이 땅 위에 있는 세상의 욕심에 매여서 주님 앞에 부끄러울 때가 많이 있었습니다. 물질이 나의 주인이 되고 노예가 되지 않도록 어떠한 형편에든지 자족하며 감사하는 삶을 배우며, 살아갈 것을 다짐해 보았습니다.

　　　　　　　　　　　　　　　　

한밤중에 정점과도 같은 짧은 인생! 그동안 깊이 생각해보지 못하고, 써보지 못했던 유언장을 직접 작성해보니 마음 깊은 곳으로부터 짙은 감회가 밀려왔습니다. 죽음을 어떻게 받아들이고, 남은 생애를 어떻게 준비해야 하는지 내 삶을 깊이 반추해보는 유익한 시간이었습니다.

돌이켜 보니 이 땅 위에서 예수 그리스도를 구주로 믿고, 영생의 복을 얻은 것이 제일 큰 축복이요, 가족 모두가 주님을 믿고 믿음의 가정을 이루어 살아가는 것이 제일 큰 감사였습니다. 건강하고 행복한 한소망교회에서 믿음의 가족들과 바르게 신앙생활을 할 수 있는 것도 행복이요 축복입니다.

10주 동안 진솔한 삶을 나누며 사랑과 기도로 격려하며 함께했던 소그룹 가족들과 리더에게 감사드리며, 착하고 충성된 자로 하나님 앞에 설 수 있도록 소중한 배움의 시간을 허락해 주신 목사님에게 감사드립니다.

이 소중한 크라운 재정교육의 경험을 토대로 아름다운 노년의 삶을 준비하며 신앙의 명 가문을 이루어 하나님께 영광을 돌리는 삶이 되기를 소망해봅니다.

2014년 4월
주일예배 간증

일터가 곧 사명의 자리임을 잊지 않게 하소서

2021년 새해 첫 주 예배를 드리고 하루가 지났습니다. 예배 중 직장에서의 새로운 만남과 일을 위해 올린 기도제목이 채 하루가 지나지 않아 응답되었습니다. 본사로부터 서울 광진구에서 시행되는 대단위 프로젝트의 총괄 단장으로 발령되었으니 복귀해달라는 연락을 받은 것입니다.

"믿음으로 깊은 곳에 그물을 던지라"는 말씀을 붙잡고 일터에 대한 비전을 품으며 기도해왔기에, 이번 소식은 주님께서 허락하신 분명한 길임을 믿고 감사를 드렸습니다. 대형 프로젝트를 앞두고 잠시 염려와 두려움이 엄습하기도 했지만, 주님이 허락하신 일이라면 두려움 없이 평안함으로 감당할 수 있는 마음을 달라고 간절히 기도했습니다.

지난 시간들이 주마등처럼 스쳐 지나갑니다. 현장 하나하나를 마칠 때마다 함께하셨던 주님의 은혜를 기억하니 가슴 깊은 곳에서 새로운 감동이 밀려옵니다.

> "무슨 일을 하든지 마음을 다하여 주께 하듯 하고 사람에
> 게 하듯 하지 말라 이는 기업의 상을 주께 받을 줄 아나니
> 너희는 주 그리스도를 섬기느니라"(골 3:23)

저는 이 말씀을 붙잡고 기도했습니다. 일터가 곧 나의 사역지이자 사명의 자리임을 잊지 않고, 크고 작은 모든 일과 관계 속에서 주님께 하듯 감당할 지혜와 믿음을 구했습니다. 지혜가 부족할 때마다 주님은 꾸짖지 않으시고 가장 적절한 생각과 창조적인 영감을 부어주셨습니다. 부족한 저를 부끄럽게 하지 않으시고 합력하여 선을 이루시는 하나님의 손길을 늘 경험하게 하셨습니다.

이제 새로운 역사를 이루어 가실 주님의 사명 앞에 다시 가슴이 뜨거워집니다. 환경을 바라보거나 내 경험과 지식을 의지하기보다, 하나님만을 온전히 바라보는 믿음으로 시작할 때 평안이 밀려옴을 느낍니다. 올해 주신 말씀 카드의 약속을 믿음으로 받습니다.

"그러므로 우리가 낙심하지 아니하노니 우리의 겉사람은 낡
아지나 우리의 속사람은 날로 새로워지도다"(고후 4:16)

이번에 시작하는 '자양동 도시정비형 재개발 사업'은 약
15,000평 대지에 초고층 아파트 6개 동, 업무·숙박·문화·판매
시설 및 관공서가 들어서는 초대형 프로젝트입니다. 공사 기간
42개월, 공사비 1조 원이 넘는 규모로 제 생애 가장 큰 도전이기
도 합니다. 광진구와 KT, SH공사, 롯데건설 등 민·관이 공동 추
진하며 수많은 기술자가 협력해야 하는 이 현장의 총괄 단장으
로서 저는 먼저 기도로 무릎을 꿇습니다.

함께 협력할 발주처, CM팀, 감리단, 시공사(롯데건설)가 좋은
팀워크를 이루게 하소서. 현장의 파트너십이 잘 구축되어 소통
과 협력이 원활하게 이루어지게 하소서. 무엇보다 큰 사고 없이
안전하게 공사가 준공될 수 있도록 주님께서 지켜주소서. 단장
인 저에게 화목의 지혜를 주시고, 성실하게 사명을 감당할 건강
과 새 힘을 부어주소서!

"사랑의 주님,
새로운 일터와 막중한 사명을 허락하시니 감사합니다.
이 큰 과업이 주님이 주시는 또 하나의 축복임을 믿습니다.
무엇보다 하나님의 자녀로서

삶의 태도와 정신을 바르게 갖게 하시고,
우선순위를 분별하여 질서 있는 삶을 살게 하옵소서.
교만하여 하나님을 외면하는 일이 없게 하시고,
너무 곤고하여 하나님을 잊어버리는 일
또한 없도록 제 마음과 생각을 지켜주옵소서.
모든 일에 성심을 다하게 하시며,
성령 충만함으로 사람과 일을 대하게 하옵소서.
예수님의 이름으로 기도하옵나이다. 아멘.”

2021년 1월

새벽 기도

감사는 끝까지 지켜내는 것이었습니다

때로는 울컥 솟구쳐 오르는 감정을 주체하기 어려울 때가 있습니다. 금방이라도 분노가 터져 버릴 것 같은 상황을 마주하면, 참고 견디려 애써보지만 결국 억제하지 못하고 실수할 때가 많습니다. '왜 내게 이토록 힘들고 부당한 일들이 생길까' 고민하다 보면, 스스로의 실수로 인해 비롯된 수많은 감정의 변화와 마음의 번민이 파도처럼 밀려오기도 합니다. 머리로는 기도와 말씀으로 주님의 뜻을 구해야 한다는 것을 잘 알고 있습니다. 하지만 때때로 저의 기도는 편향적이고 일방적일 때가 있었습니다. 모든 상황을 내 관점에서만 바라보고 판단하니, 온전한 기도를 드리지 못한 채 한숨과 탄식 섞인 말들만 내뱉기도 했습니다.

최근, 저의 일터인 현장 사무실에서 마음을 몹시 힘들게 하는 일이 있었습니다. 공동체를 분열시키고 분쟁을 야기하는 소수의 행태로 인해 제 마음에 불편함과 분노가 쌓여갔습니다. 조직적으로 행해지는 파행적인 행동들은 전 직원의 불편함을 초래했고, 현장은 분열의 위기에 처했습니다. 단장이라는 책임자로서 저는 모든 것을 책임지겠다는 각오로 이 상황을 정면 돌파하기로 결심했습니다. 지금의 어려움을 방관한다면 더 심각한 결과를 초래할 수 있다는 우려 때문이었습니다.

주님 앞에 조용히 엎드려 뜻을 헤아려 보았지만, 여전히 마음은 혼란스러웠습니다. '어떠한 결단과 시행이 옳은 길일까' 하는 무거운 고민을 안고 추수감사주일 예배에 임했습니다. 오직 주님의 뜻을 분별하게 해달라는 간절한 마음으로 자리에 앉았습니다. 예배 중 부끄러운 저의 연약함을 고백하자, 그동안 충분히 감사하지 못했던 제 모습이 떠올라 눈물이 흘렀습니다. 그때 성령님께서는 제게 '그럼에도 불구하고 감사하라'는 마음을 주셨습니다. 이 힘든 상황이 결코 나를 죽게 만드는 일이 아님을 깨닫고 모든 것을 주님께 내려놓으니, 비로소 마음속에 고요한 평안이 밀려왔습니다…

모든 환경과 상황을 감사함으로 받기로, 그리고 어떤 순간에도 감사를 잃지 않기로 결단했습니다. 그렇게 마음을 정하고 나니, 분노에 가려 보이지 않았던 감사의 제목들이 하나둘씩 다시 눈에 들어오기 시작했습니다.

감사는 주어지는 것이 아니라, 어떤 상황 속에서도 끝까지 지켜내야 하는 소중한 고백이었습니다.

2022년 11월

왜 잠 못 이루는가

염려와 근심, 그리고 해결되지 않은 고민거리가 생길 때마다 잠 못 이루는 밤을 맞이하곤 합니다. 주님께 온전히 맡기지 못하는 저의 연약함이 마치 불신앙의 모습 같아 마음이 무겁습니다. 일상에서 마주하는 어렵고 힘든 문제 앞에 설 때마다, 괴로움 속에서 전전긍긍하며 긴 밤을 지새우는 제 모습을 봅니다.

구원해 주신 주님의 능력과 그 인자하신 손길 앞에 모든 것을 내어 맡기고 의지해야 함을 잘 압니다. 하지만 저의 타고난 성격과 기질 때문인지, 여전히 혼자 끙끙대며 고민의 소용돌이 속으로 빠져들곤 합니다. 우리를 낙심케 하려는 어둠의 공격과 시험도 결코 만만치 않음을 실감합니다.

마귀는 언제나 우리를 무너뜨리기 위해 우는 사자와 같이 틈을 노립니다. 특히 제 기질의 약점인 그 '작은 틈'을 호시탐탐 노리며 공격해 들어옵니다. 사소한 어려움 하나에도 마음을 빼앗

겨 두려워하고 불안해하게 만들며, 끝내 부정적인 생각의 감옥
에 갇히게도 합니다.

그러나 주님은 오늘도 변함없이 말씀하십니다. "아무것도 염
려하지 말라. 너희 염려를 다 주께 맡기라 이는 그가 너희를 돌
보심이라." 문제를 붙잡고 불안에 떨며 밤을 지새우는 것이 아니
라, 모든 것을 주님께 의탁하고 약속의 말씀을 붙잡는 믿음의 삶
을 살라고 권고하십니다. 저의 약점에 걸려 넘어질 때마다 주님
은 더욱 세밀하고 큰 음성으로 저를 깨우십니다.

작은 염려 하나로 긴 밤을 뒤척이다 어느덧 새벽을 맞이했습
니다. 편안하게 잠을 이루는 것, 마음의 평안과 기쁨을 누리며 살
아가는 것, 그리고 주님이 허락하시는 그 '단잠'이야말로 주님이
주시는 가장 큰 복임을 절감합니다.

문제를 바라보며 주저앉아 있을 것인가,
아니면 문제 너머에 계신 주님을 바라보며 나아갈 것인가.

이제 저에게는 오직 믿음의 결단만이 남아 있습니다.

2022년 11월

4부

함께 세워가는 교회

한소망 공동체 안에서 배운 사랑과 섬김

✝

"그의 안에서 건물마다 서로 연결하여
주 안에서 성전이 되어 가고
너희도 성령 안에서 하나님이 거하실 처소가 되기 위하여
그리스도 예수 안에서 함께 지어져 가느니라"

엡 2:21-22

영원한 나의 친구, 천국에서 다시 만나자

주일 예배를 드린 오후,

사랑하는 믿음의 가족 하나 우리 곁을 떠났다.

아픔과 슬픔을 가슴에 묻고

하나님의 부르심 앞에

이별을 했다.

우리도 언젠가 떠나야 하는 길인데

그리고 반드시 하늘 천국에서 다시 만날 것인데

이 땅 위에서 다시 보지 못하는 헤어짐은 늘 슬프기만 하다.

장례 일정이 진행되는 시간

떨어져 있는 먼 곳 고성에서

숙연하고도 슬픈 마음으로 온종일 애도의 시간을 보내고 있다.

평생 몸이 연약하여 육체의 가시와 같은 병고를 안고 살아왔다.

일 년에 몇 차례씩 피를 토하며 병원을 오고 가곤 했다.

이번에도

그런 줄만 알았다.

그리고 그렇게 퇴원해 주기를 소망했다.

그러나 악화된 증세로 끝내 일어서 주질 못했다.

며칠 전,

입원 소식에 찾아간 병원.

힘들어하며 야윈 모습을 보며 눈물로 기도하고 나온 것이

마지막이 될 줄 몰랐다.

참 따뜻하고 정이 많은 친구였다.

카피라이터로 일하며 책 읽기를 좋아하고

글을 품격있게 잘 쓰는 재능도 있어 교회 사역에 헌신도 하였다.

가끔씩 만나 커피 한잔 나누며 진솔한 대화를 나눌 때는

사명감으로 교회에서 일하고 싶다는

작은 비전과 마음을 나누기도 했다.

어려운 형편이었으나 어려운 자리에 있는

이웃을 도와주려는 마음과 정이 흘렀던 사람.

도움의 손길에 인색하지 않았던 사람.

자녀들에게도 따뜻한 아버지로 살갑게 살아가며

믿음과 신앙의 유산을 이어 주기 위해 예배의 자리에 함께 나와

기도와 사랑으로 격려를 아끼지 않았다.

셀 가족으로, 이 땅 위에서 믿음의 가족으로

함께 했던 지난 시간들이 짧지 않았다.

즐겁고 행복했던 시간도 있었지만

무겁고 힘든 시간들을 보내며 함께 아파하고

기도했던 시간들도 있었다.

작은 사랑을 주고받았던 시간들

서로에게 힘이 되고 격려가 되었다.

돌이켜 보니 더 많이 사랑하고

기도해 주었어야 했다는 아쉬움과 그리움이…

그가 곁에 없으니 그 귀한 소중함과 빈자리가 더 크게 느껴진다.

사랑하는 하나님의 자녀 고 박영욱 집사님

55세 짧은 인생. 너무나 아쉽고 안타깝다.

떨어지는 꽃

안개와도 같은 우리 인생.

그래도

그대는 우리의 영원한 믿음의 한 가족

사랑하는 나의 형제

잊지 못할 나의 친구.

영욱아,

천국에서 다시

만나보자.

2020년 1월

그리움, 새로움, 그리고 사랑스러움입니다

"설날은 그리움, 새로움, 사랑스러움입니다"

위임목사님으로부터 설 연휴를 맞아 축복의 마음으로 보내주신 짧은 문자 메시지를 받았습니다.

연휴 첫날, 시집간 큰 딸이 사위와 함께 아침 일찍 찾아와 설 인사를 합니다. "새해 복 많이 받으세요"라는 인사와 덕담을 주고받으며 아침식사를 가족과 함께할 수 있어 즐겁고 행복했습니다. 지난해 결혼하여 출가한 딸이 한편으로 허전하고 기다려졌는데 사위와 함께 첫 설을 보내며 덕담을 할 수 있어 마음이 흐뭇해졌습니다.

잠시 후 지역 목장의 목자 내외가 찾아왔습니다. 목장의 번성으로 세운 첫 장자 목자 내외입니다. 조출하지만 떡만두국을 나누며 목장 가족의 사랑을 나누었습니다. 무엇보다 자녀들의 자랑스러움이 부모의 자랑거리임을 나누며 얼굴에 웃음꽃이 피었습니다. 자녀들을 축복하는 따뜻한 시간을 가졌습니다.

목장의 한 부부도 찾아와 반갑게 맞았습니다. 오랫동안 기다려온 힘든 수술을 마치고 추운 겨울을 잘 견디고 계신 목장의 여집사님 내외분이셨습니다. 새해 인사를 나누며 요즈음 신앙생활 및 직장생활의 근황과 마음을 나눠주었습니다. 건강하게 생활할 수 있어 감사하다고, 주님이 인도하여 주신 은혜가 감사하다고 기쁘게 말했습니다.

여린 몸으로 수술과 힘든 과정을 잘 견디고 계신 집사님이 고맙기만 했습니다. 수술의 부작용과 후유증이 있어 약물 치료를 계속해야 하는 어려움이 있지만 하루하루를 감사하며 살고 있다는 집사님의 고백을 들으며 함께 간절히 기도했습니다. 두 분 내외가 이 모든 과정을 감사로 잘 견디며 건강이 회복될 수 있도록 기도하며 사랑의 마음을 나누었습니다.

저녁 무렵 목장 가족인 박 집사님이 찾아와 주셨습니다. 집사님도 일생 육체의 가시와 같은 연약함이 있어 힘든 역경을 견디고 계신 분입니다. 그러나 마음은 언제나 따뜻하여 더 어려운 이웃을 향하여 마음이 열려 있는 분입니다. 책 읽는 것과 글 쓰는 것에 대한 공동의 관심사가 있어 함께 하면 즐거움이 있고 진솔한 대화를 나눌 수 있는 친구와도 같은 소중한 가족입니다. 오늘도 따뜻한 차 한잔 나누며 마음을 나눌 수 있어 정다운 시간이 되었습니다.

그렇습니다. 설날은 소중한 가족 모두가 더욱 그리워지는 시간입니다. 지난 시간 나누지 못한 정이 그립고, 못다 한 사랑이 있어 그리운 시간입니다. 이런저런 속 깊은 사정으로 이 세상에서는 자주 볼 수 없다 하여도 사랑하는 가족 모두가 주 안에서 소중하고 귀한 존재들이기에 한 분, 한 분이 새록새록 그리워지는 그리움의 시간입니다.

또한 설날은 한 해를 새롭게 시작하는 새로움입니다. 몸과 마음을 바르게 세우고 나의 영성에 신선한 기름 부음이 있도록 몸과 마음과 영혼을 정결하게 씻고 시작하는 새로움입니다.

설날은 사랑스러움입니다. 작은 사랑과 따뜻한 웃음이 모여 화목과 화평을 이루고 사랑이 흘러가는 축복의 통로가 되도록 서로를 축복하는 새해는 사랑스러움입니다.

까치 까치 설 날은 어제께고요.
우리 우리 설 날은 오늘이래요
곱고 고운 댕기도 내가 드리고
새로 사 온 신발도 내가 신어요

까까옷 입고 세배하며 "새해 복 많이 받으세요" 축복의 인사를 나누는 우리들의 설날은 그리움, 새로움, 사랑스러움입니다.

설레임과 그리움 안고 마음은 벌써 고향으로 달려갑니다. 올해는 가족 모두에게 따뜻한 마음과 작은 사랑의 마음을 더 많이 나누고 싶습니다.

2015년 2월

설명절

한소망 천국열차, 은혜로 달리는 길

오늘은 한소망교회 섬김이들인 목자들과 함께 기차여행 떠나는 날이다. 그동안 코로나로 막혔던 목자들의 교제와 나눔 그리고 비전을 새롭게 다짐하는 코이노니아의 시간이다.

어린 시절 타보던 덜컹- 덜컹하는 옛 전동 열차에 위임목사님과 사모님 그리고 교역자와 목자 포함 약 500여명이 함께 몸을 실었다. 푸르른 가을 하늘 맑게 개인 하늘에 떠 있는 뭉게구름, 천천히 달리는 기찻길 옆으로 펼쳐진 푸르른 산야와 강촌 옆으로 흐르는 맑은 강물을 따라 떠나는 기차여행… 모두가 어린 시절 소풍 가던 때 모습으로 들떠 설레던 동심의 시절로 돌아갔다.

열차 안의 열기는 더 뜨거웠다. 교역자들이 준비하여 사랑으로 섬겨주신 프로그램은 천국의 교제요 식탁이라 먹고 마시고, 웃고 즐기며 달리는 한소망의 열차는 천국의 열차가 되었다. 호반의 도시, 아름다운 자연의 풍경이 펼쳐져 있는 이곳 춘천에서 하루 일정이 시작되었다.

류영모 위임목사님과의 짧은 대화의 시간으로 문을 열었다. 질문에 답하는 형식이었지만 총회장으로서 보내신 시간과 은퇴 후 감당하실 계획들을 잠시 나눠주셨다. 지나간 행보 속에서 행한 일들을 기반으로 한국교회와 기독교 문화와 역사를 바로 세우고 알리고자 하는 강한 의지와 비전을 들을 수 있었다. 참석한 모든 목자들을 격려하며 목자의 자리를 굳건하게 지키는 것이 목장과 교회와 한국교회를 든든히 세워나가는 것임을 힘주어 말씀해 주셨다.

한소망교회의 목자로서 교회의 비전에 몸과 마음을 싣고 하나가 되어 주님이 예비해 주시고 인도해 주시는 더 큰 길을 따라가기를 함께 기도했다. 강촌에서는 산도, 구름도, 기차도 강물을 따라 간다고 했던가. 곳곳에 맑은 물이 흘렀다. 주님이 지으신 자연 속에서 그동안 답답했던 일상을 잠시 뒤로하고 한동안 쌓였던 몸과 마음의 스트레스를 날려버리는 힐링의 시간을 갖는다.

강물 따라 구름 따라 흘러가듯 힘차게 발구르며 타던 레일바이크. 이것은 여행인가 훈련인가, 힘든 것도 마냥 즐겁기만 하다. 삼삼오오 커피 한잔으로 마음과 마음을 나누며 정다운 웃음꽃 피우는 시간. 얼마나 기다리고 그리웠던 시간이었던가. 의암호를 가로질러 삼악산으로 올라가는 케이블카도 환상의 아름다움. "참 아름다워라 주님의 세계는 저 산에 부는 바람과 잔잔한 시냇물…" 찬송이 흥겹게 터져 나온다.

일정을 마치고 돌아가는 한소망 열차, 천국 열차에 몸을 싣는다. 한소망의 가족 모두가 함께 갈 영원한 천국의 소망을 품고… 오늘 하루 어린아이가 되어 천국의 행복을 맛보며 주님 앞에 교회 앞에 수고하신 손길들을 향해 감사의 마음을 올린다.

"이르시되 진실로 너희에게 이르노니 너희가 돌이켜 어린 아이들과 같이 되지 아니하면 결단코 천국에 들어가지 못하리라"(마 18:3)

2022년 10월, 목자 수련회

한소망 알파로 초대의 글

\#1

맑고 푸른 하늘이 더욱 높아지는 계절

풍성한 결실을 기대하며 소망하는 아름다운 계절에

소중한 형제를 알파에서 뵙게 되어 기쁘고 감사합니다.

모든 것이 바쁘고 숨가쁘게 뛰어가야만 하는 삶 속에

한 번쯤 여유로움으로

가을로 물든 산을 산책하며 자신의 삶을

반추해보고 싶은 계절이기도 하지요.

이러한 마음으로 한걸음 한걸음

알파의 소중한 시간들을 걷다 보면

인생의 새롭고 아름다운 행복을 맛보리라 생각합니다.

세상에서 가장 소중하고 존귀하게 형제님을 창조하시고

사랑하고 계시는 하나님께서 이번 알파를 통하여

가장 큰 사랑의 선물을 주시리라 믿습니다.

아무쪼록 이번 알파를 통하여
하나님의 크신 사랑과 은혜를 맛보는
인생의 가장 큰 행복의 시간들이 되시기를 축복합니다.

주 안에서 형제님을 사랑합니다.

#2
춥고 긴 겨울이 지나가고
따뜻한 햇볕과 바람이 봄이 가까이 왔음을 알려주네요.

봄기운과 같은 새 생명의 바람이 부는 이 때에
소중한 형제님을 알파에서 만나 뵙게 되어
기쁘고 감사하게 생각합니다.

모든 것들이 바쁘고 앞만 보고 달려가야 하는 삶 속에서
알파에 참여하신 것은 너무나 소중한 일이요
복된 발걸음이라 생각합니다.

이제 시작한 알파의 첫걸음이지만

한걸음, 한걸음 참여하시다 보면 이전에 경험하지 못했던

인생의 참 행복과 기쁨을 맛보시리라 믿습니다.

알파를 통하여 깊고도 놀라운 새 생명의 숨결과

참된 사랑을 깊이 경험할 수 있기를 기도합니다.

아무쪼록 소중하고 행복한 알파의 시간들을 통하여

인생의 가장 큰 선물인

참된 길이요 진리요 생명 되신 예수님을 만나는

복된 시간이 되시기를 축복합니다

주안에서 사랑합니다.

알파 30기 7반 도우미 편지 중

2022년 가을, 은혜의 고백을 나눕니다

2022년 가을, 한소망교회 '감사특밤(감사와 사귐이 있는 특별한 밤)'에서 흐르는 말씀과 간증을 통해 내 영혼은 큰 은혜의 강가를 거닐고 있습니다. 일상에 쫓기고 세상일에 파묻혀 잠시 잊고 살았던 하나님의 은혜가 얼마나 크고 놀라운지 새삼 깨닫게 되니, 메말랐던 마음속에 감사가 새록새록 피어납니다. 내 마음속에 자리한 은혜의 두 고백을 나누려고 합니다.

첫 번째 고백.

단상에 서신 강사님들의 고백은 멀리 있는 이야기가 아니었습니다. 그것은 곧 나의 삶 속에서 역사하시는 하나님의 손길이었고, 흔들리는 세상 속에서 어떻게 믿음의 뼈대를 세워야 하는지를 일깨워 주는 소중한 이정표였습니다. 연약한 우리네 삶은 늘 고달프고 고난의 연속이라 여겨지기도 합니다. 나도 모르게 원망과 불평을 품고 세상의 욕심과 풍조를 따라가며 염려와 두려움 속에 갇혀 지내진 않았는지 돌아보게 됩니다.

"믿음이란, 고난 속에서도 숨어있는 하나님의 손길과 뜻을 깨닫고 감사하는 것이다."

이 말씀이 가슴 깊은 곳에 울림으로 다가왔습니다. 오늘 내게 주어진 모든 일, 아주 작은 사건 하나, 내가 서 있는 환경과 스치는 인연 중 결코 우연은 없습니다. 하나님이 허락하신 모든 상황 속에 담긴 그분의 섭리는 마치 '숨겨진 진주와 보배'와도 같습니다. 이제는 환경을 탓하기보다 모든 것을 믿음으로 해석하고, 참고 견디며 살아내려 합니다. 작은 일에 감사할 줄 아는 사람만이 더 큰 찬양과 간증의 주인공이 될 수 있음을 믿기 때문입니다.

매일 아침, 평범한 일상을 시작하기 전 하나님과 나누는 깊고 친밀한 교제는 내 삶을 설레게 하는 힘입니다. 강사님의 간증처럼, 청년 시절부터 지켜온 '아침 QT'는 제 삶의 거룩한 루틴이자 영적 생명선이었습니다. 일상에서 작고 큰 답답함을 마주할 때마다, 아침에 주신 말씀과 성령님의 지혜는 나를 다시 일으키는 용기가 되었습니다. 주님과 동행하며 하루를 시작하는 이 친밀함이야말로 지금까지 내 믿음을 지켜오게 한 가장 큰 원동력이었음을 고백합니다.

이번 감사특밤을 통해 기도의 응답에 대한 시선도 바뀌었습니

 4부. 함께 세워가는 교회

다. 응답이란 내가 요구하는 방식이나 세상적인 계산대로 이루어지는 것이 아님을 깨닫습니다. 기도의 응답은 오직 하나님의 계획 속에 진행되며, 하나님이 원하시는 때에 그분의 방법으로 이루어지는 것이 내게는 '최선의 응답'임을 알게 되었습니다.

내 생각을 내려놓고 하나님의 최선을 신뢰할 수 있게 된, 참으로 은혜로운 밤입니다.

두 번째 고백.

인생은 언제나 무언가에 목마른 갈급함의 연속입니다. 그 갈증을 채우려는 욕망은 때로 우리를 움직이는 꿈이 되기도 하며, 개인과 사회를 발전시키는 원동력이 되기도 합니다. 하지만 정직하게 자문해 봅니다.

"지금 내가 쫓는 갈망은 참된 꿈인가?"

세상적인 성공과 욕망에 이끌려 그저 분주하고 바쁘게만 살아가는 모습이 나의 실체는 아닌지 되돌아보게 됩니다. '감사특밤'에서 들은 가수 범키 님의 간증은 큰 울림을 주었습니다. 어린 시절부터 가수를 꿈꿨고 마침내 인기를 얻었지만, 그가 마주한 것은 뜻밖의 공허함과 매너리즘이었다고 합니다. 그 방황의 끝에서 그는 주님 앞에 자신을 내려놓고 본연의 성품을 발견했습니다. 어려울 때조차 나누기를 좋아했고, 그 나눔 속에서 진정한 기쁨을 느꼈던 자신의 모습을 보며 작은 '소명'을 깨달은 것입니다.

이후 그는 크고 화려한 무대보다 주님이 기뻐하시는 곳이라면 어디든 달려가 재능을 나누는 삶을 선택했습니다. "작은 순종은 결코 작은 것이 아니며, 그 뒤에는 언제나 주님의 크고 놀라운 예비하심이 있다"는 그의 고백은 꿈보다 소명이 더 중요함을 일깨워 주었습니다. 이제 스스로에게 질문을 던져봅니다.

나의 진정한 꿈은 무엇인가?
내 마음 깊은 곳에 숨겨진 보물은 무엇인가?
내가 간절히 추구해온 갈망의 실체는 무엇이었나?

이미 응답받고 채워진 것들이 많음에도 여전히 욕심을 냈던 모습이 부끄럽고 두렵기도 합니다. 이제는 내가 가진 은사와 자원을 주님이 기뻐하시는 일을 위해, 사랑으로 나누고 섬기는 일에 사용해야 할 때임을 다짐합니다.

오늘 내가 서 있는 이 자리. 가정, 교회, 일터야말로 바로 주님이 부르신 곳임을 고백합니다. 만나는 모든 관계 속에서 비록 작은 일일지라도 사랑의 마음으로 감당하며 아름다운 열매를 맺어가길 결심합니다.

나아가 이태원 참사로 슬픔에 잠긴 이 땅을 위해 기도합니다. 안타깝게 세상을 떠난 수많은 자녀들과 그들의 가족들을 생각하며, 영원히 목마르지 않는 예수님의 생명수가 이 땅의 아픔을 적시고 치유하기를 애통하는 마음으로 간구합니다.

2022년 10월

믿음의 가족들이 있어 살아갑니다

믿음의 가족들로 구성된 '양구팀'이라는 작은 모임이 있습니다. 이 모임에 맏형격인 한창선 집사님이 계십니다. 젊은 시절 테니스 국가대표 선수로 명성을 떨치셨고 이후 양구에서 체육계 후배 양성을 위해 애쓰셨던 분입니다.

당시 한창선 집사님이 저희를 양구로 초대하여 소중하고 행복한 시간을 마련해 주셨습니다. 이후 자연스럽게 여행도 함께하며 믿음의 셀 식구처럼 기쁨의 교제를 이어왔고, 자연스럽게 만들어진 이름이 바로 '양구팀'입니다. 언제나 구수한 사투리와 유머로 화기애애하고 따뜻한 분위기를 만드시고 넓은 마음과 사랑으로 저희 모임을 이끌어 주시는 분입니다.

오늘 그 맏형의 칠순을 맞아 한자리에 모였습니다. 저희들은 작은 사랑의 마음을 모아 축복하는 시간을 가졌습니다. 이때 올려드린 축사의 글입니다

"주 안에서 사랑하고 존경하는 한창선 집사님,
칠순을 맞아 인생의 하프타임,
제2의 인생을 새롭게 시작하시는
집사님에게 먼저, 축하의 마음을 전합니다.

무엇보다도, 하나님께서 세워주신 복된 가정,
지금까지 건강하고 화목하게 믿음의 가정을 이루어 가시고,
이제 아들 재민이의 혼사를 앞두고 계신 것도
진심으로 축하, 축하를 드립니다.

지나온 25년, 교회와 목장생활 속에서
한결같이 변함없는 모습으로 성실하게 믿음 생활을 하시며
본을 보여주신 집사님에게 경의를 표합니다.

어려웠던 지난 10년 동안, 교회 안에 북카페를 운영하시며
몸 된 교회를 섬기는 마음으로
부지런히 정결하게 관리해 오셨습니다.

말 못 할 어려움도 있으셨을 텐데 어렵다, 힘들다
불평하지 않으시고 묵묵히 감당해 주셨습니다.
이에 온 교우와 성도들이 즐겁고 행복하게

북카페를 이용할 수 있었음에 이 시간 진심으로 감사드립니다.

젊은 시절 국가대표 테니스 선수로,

이후 감독으로 활약하시며 달려오신 길,

멋지고 자랑스럽습니다.

오래전 전국 행사를 진행했던 양구에 저희들을 초청해 주셔서

현장을 보고 기도하며,

넓고도 크신 사랑을 베풀어 주셨던 행복한 시간들이

아름다운 추억으로 오래도록 기억이 됩니다.

이제, 주님의 은총 가운데 제2의 인생을 시작하는 집사님.

시냇가에 심겨진 나무처럼 아름다운 열매를 맺고

시들지 않는 청청한 삶으로 이어가시기를 축복합니다.

우리들의 변함없는 맏형! 한창선 집사님,

여기 모인 우리 모두가 사랑과 존경의 마음을 담아

집사님의 새로운 출발을 화이팅하며 축하드립니다.

2023년 1월

벽돌 한 장, 한 장을 정성껏

한소망 꿈 땅에 세워질 비전센터 건축을 위한 첫 걸음이 시작되었다. 건축위원으로 부름을 받고 교회의 건축물을 어떻게 지어야 하는지 고민하며 함께 기도하던 때이다. 담임목사님은 건축위원들을 중심으로 몇 분과 함께 전국에 있는 교회 중 최근에 새롭게 지어진 교회들을 탐방하기로 했다.

건축을 전공하고 공사 현장을 관리하고 있는 나로서는 이번 교회 탐방에 대한 기대와 포부가 남다르게 다가왔다. 무엇보다도 이번 여정을 통하여 교회 건축의 전 과정을 벤치마킹하고 싶었다. 이번 탐방은 비전센터에 대한 밑그림을 그려보는 소중한 시간이 될 것을 꿈꾸며 힘차게 출발하였다.

서울 강서구에 있는 경향교회로부터 시작하여 인천 주안장로교회, 평촌 새중앙교회, 포항장성교회, 포항제일교회, 부산 수영로교회, 대전 새로남교회, 그리고 안산 레포츠교회를 마지막으로 둘러보았다. 2박3일의 짧은 여정이었으나 많은 것을 보고 들으며 새로운 것을 배우는 소중한 시간이었다.

두 번째로 방문한 주안장로교회는 방문한 교회 중 가장 큰 대예배실과 각 기능에 맞도록 계획된 공간들이 있었고 최첨단 시설을 비롯 자동화 시스템으로 관리할 수 있도록 지어진 초현대식 교회였다. 실내와 외부의 자재도 상위급 자재를 사용하고 세련된 색상으로 화려하게 지어진 도심 속의 대형교회였다. 각 교회마다 건축물의 특성이 있었고 교회의 비전과 가치에 따라 개성도 다양하였다. 전통교회의 고전적이고 권위적인 모습에서 벗어나 이제는 지역사회와 세상 사람들과 친밀한 소통을 나누며 구원의 방주 역할을 할 수 있는 다양한 내용과 공간들로 설계되어 있었다.

특히 최근에 지어진 대형교회의 예배당은 음향과 조명과 영상에 매우 큰 관심과 노력을 기울인 것을 볼 수 있었다. 교회 건축물은 외형적인 모습에서부터 예배당, 교육관, 친교실, 봉사와 선교를 위한 공간 하나하나에도 성경적인 내용과 교회 비전과 가치를 담아내는 장소가 되어야 한다는 것을 알게 되었다. 탐방한 교회마다 건축 과정을 들어보면 저마다의 눈물겨운 이야기가 숨어 있었다. 모두가 확고한 믿음과 비전을 가지고 시작한 건축 과정은 그리 쉽게 흘러가지 않았음을 알 수 있었다. 많은 변화를 겪으며 인고의 시간과 땀과 수고와 헌신이 있어야 하며 결국에는 하나님이 인도해가시며 진행해 주셔서 하나님의 은혜로 건축되었다는 고백들을 들을 수 있었다.

그리고 대형교회로 건축한 교회들의 공통점은, 세상을 향한 확고한 비전과 미래에 대한 꿈이 있었고 성령님의 역사와 인도하심에 이끌리며 새롭게 부흥하는 교회들이라는 사실이었다. 특별히 건축위원으로서 귀담아들은 내용은 건축공사가 조금은 늦더라도 공사 전 충분한 설계과정과 검토가 중요하다는 것, 그리고 공사의 시작부터 투명하고 공정한 원칙을 세워 공사의 전 과정을 진행해야 한다는 것이었다.

이번 비전트립은 나에게 교회의 본질을 생각해보며 참된 교회의 모습을 그려볼 수 있어 감사한 시간이었다. 2박3일간 먼 곳을 오가는 고된 일정이었지만, 차 안에서 많은 대화를 나누고 저녁에는 숙소에서 목사님과 함께 밤늦도록 한소망 공동체의 꿈과 비전들을 구체적으로 나누며 뜨겁게 기도하는 시간을 가졌다. 목사님께서는 모두가 모인 한자리에서 비전의 말씀을 나누어 주셨다.

"한소망의 비전센터는 어린아이부터 장년에 이르기까지 모든 성도가 한마음으로 주님이 주신 비전을 품고 나아가야 합니다. 한소망의 비전센터가 완성되어 가면서 모두가 예수님의 마음으로 서로를 사랑하고 격려하는 공동체가 될 것이고, 각자가 기도로 자기의 역할과 사명을 감당하는 성숙한 교회, 제2의 한소망 공동체의 모습을 볼 수 있을 것입니다."

교회는 건물의 외형만 짓는 것이 아니라, 우리 공동체가 몸 된 교회를 지어가는 과정임을 깨닫게 해주셨다. 이번 비전트립을 통하여 한소망교회가 더욱 건강하고 행복한 교회, 하나님이 기뻐하시는 교회로 세워져 이 시대에 선한 영향력을 흘려보내는 교회가 될 수 있다는 꿈과 확신을 갖게 되는 계기가 되었다. 마음속으로 비전센터를 그려보며 작은 기도의 소원을 드렸다.

"주님이 허락하신 숲속의 꿈 땅에서 자연과 더불어 주님을 찬양하고 경배하는 장소가 되게 하소서. 이 지역사회와 이 민족의 교회와 잃어버린 영혼을 품고 기도하며 구원하는 방주와 등대가 되게 하시고, 셀교회의 살아있는 성지로 증거되는 비전센터 건축이 이뤄지게 하옵소서."

이번 비전트립을 통하여 한소망 비전센터의 아름다운 그림들을 믿음으로 보게 하셨다. 비전센터 한 모퉁이의 벽돌 한 장, 한 장을 정성껏 쌓아 올리는 마음으로, 온 성도와 함께 기도로 하나님의 집을 지어가는 꿈을 그려본다.

2004년 1월, 비전트립을 마치고

     4부. 함께 세워가는 교회

아! 비전채플이여

꿈 땅 대지 11,000평을 2002년도에 매입하여 2010년 6월 준공했으니 8년여의 기간을 거쳐 비전채플이 완공되었다. 꿈과 믿음을 갖고 기도로 시작한 꿈 땅의 건축이 왜 이리도 오랜 시간 어렵고 힘들었는지 모른다. 하나의 허가를 받고 나면 풀어야 할 또 하나의 난제가 눈앞에 다가왔다. 작은 산, 큰 산을 넘어야 하는 수많은 허가와 동의를 6년여 동안 거쳐야 했고, 험난한 여정을 통과하여 드디어 공사가 착공되었다.

공사 역시, 당초 시공사의 계약 포기로 인한 타절의 과정도 어려움이 많았다. 모든 과정 하나하나를 두고 긴 시간을 참고 기다리며 해결해 나가야만 했다. 마치 이스라엘 백성이 애굽에서 나와 멀지 않은 가나안에 들어가기까지 길고 긴 여정을 겪어야 했듯이…

이 모든 건축 과정에는 수많은 에피소드와 희로애락과 눈물이 숨어 있다. 처음부터 끝까지 직접 몸으로 부딪치고 발로 뛰며 함께 동고동락한 건축위원들이 있으니 이름하여 Dream Team이었다. 건축위원장 윤한진 장로는 회사의 최고 경영자로 건축 현장에 상주하며 탁월한 리더십으로 건축위원회를 이끌어 갔다. 바른 판단력과 결정력으로 건축위원회를 이끌어 가기에 부족함이 없었다.

건축본부장 김혜완 장로는 다년간 교회 관련 설계를 해왔던 건축사로 개발허가, 건축설계, 각종 계약, 시공관리 등 교회 건축의 전반적 흐름을 누구보다 잘 파악하고 있었고, 매사 빈틈없는 일 처리능력으로 명품 건축을 이끌어냈다.

행정팀장 송근 안수집사는 국내 중견 종합건설업체의 최고 경영진으로서 건설행정 및 법무, 경영 등에 탁월한 노하우를 가지고 행정업무의 능률을 최대치로 끌어올렸다.

나는 건축시공기술사의 전문 기술자이며 건축위원회 재정팀장으로 공사비 조율, 기성검사업무를 맡았다.

드림팀은 이같이 전문가로 구성된 소수 정예조직으로 의사결정의 신속화와 책임소재의 명확성을 담보로 비전채플 건축을 신속하게 추진했다. 또 매주 정기회합을 통해 건축현안과 난제들을 집중적으로 대응하며 풀어냈다. 우리 4명은 마지막까지 동고동락하며 일심동체로 비전채플 건축을 아름답게 이루어낸 Dream Team이었다.

이 일을 한마음으로 하나같이 처리하고 협력할 수 있었던 것은 부족하고 미숙함이 있었음에도 건축위원들의 결정을 존중해 주며 끝까지 믿고 신뢰하며 기다려주신 류영모 위임목사님과 교회의 크신 사랑, 그리고 성도님들의 간절한 기도 덕분이었다.

지금도 잊을 수 없는 마음 아픈 기억이 하나 있다. 건축이 진행되는 동안 위임목사님은 생사를 오가는 심한 육체의 고난을 겪으셨다. 목숨보다 교회를 더 사랑하셨던 목사님은 마지막이 될지 모르는 심정으로 골조공사가 한창이던 건축 현장에 간신히 오셔서 힘없이 누우셨다. 그리고 힘든 몸을 추스르고, 건축위원장 윤한진 장로의 등에 업혀 비전채플 강단 위치에 서서 수많은 성도들을 바라보고 축복하시듯 기도하고 내려오셨다. 이 모습, 이 광경을 하나님도 애타게 바라보고 계셨으리라!

건축팀들은 가끔 교회 현장이 보이는 철길 건너 음식점에서 식탁 교제를 나누곤 했다. 하루가 다르게 진행되는 교회 현장을 보며 나누는 식탁 교제는 늘 기쁘고 행복했다. 물론 식사는 건축위원들이 자원하여 섬겨주었고, 위임목사님이 오셔서 위로와 격려를 아끼지 아니하셨다. 이러한 건축팀은 한 지체로 영원한 셀 가족이 되어 갔다.

건축 과정에서는 숱한 오해와 모함으로 인해 법정까지 가서 진술하는 어려움도 있었으나 진실은 숨길 수 없었다. 위임목사님도 건설본부장도 당당하게 진실을 밝히며 오히려 투명하고 바르게 진행되는 건축 현장임을 입증하셨다. 그리고 건설시공사와 계약된 공사비는 단 한 번의 지체 없이 약속한 날에 정직하게 지급하여 교회의 신뢰를 보여주었다.

어려운 과정이었고 힘에 부치는 일이었지만 부끄럽지 않았고, 하나님이 기뻐하시는 모습이 아니었나 생각한다. 8년여 기간의 기나긴 과정과 은혜를 어찌 말과 글로 다 기록할 수 있을까? 준공을 기념하며 한소망 비전채플 머릿돌에 새겨진 글이다.

"한소망교회를 주님의 심장 속에 있는 바로 그 교회로 세워
한국교회 한민족을 섬기고 열방에 예수님의 복음과
비전을 나누기 위하여 우리는 여기 비전채플을 세우노라"

그리고 입당예배 후 고백되어진 목사님의 마음과 기도가 담긴 글을 옮겨본다.

아! 비전채플.
그렇게 그렇게 이렇게 저렇게 비전채플은 완공되었다.

     4부. 함께 세워가는 교회

건축은 눈에 보이는 꿈이다.

꿈꾸던 그림이 우리 눈앞에 우뚝 서 있었다.

- 예배를 통하여 제한 없는 성령의 임재를 보고 싶었는데
- 천국 갤러리처럼 영감이 넘치는 공간을 보고 싶었는데
- 이곳저곳에 우리 성도들이 옹기종기 모여 앉아 웃고 얘기
  하는 모습을 보고 싶었는데
- 하나님과 함께 세계 경영을 꿈꾸는 우리의 자녀들을 보고
  싶었는데
- 불신자들이 몰려와 예수님 만나는 행복한 얼굴을 보고 싶
  었는데
- 도시와 민족 그리고 세계열방을 복음으로 점령하는 능력
  있는 전사들을 보고 싶었는데 그 모든 꿈이 우리 앞에 펼쳐
  지고 있다.

아! 영광스런 비전채플이여!

너는 예수님의 비전 담은 큰 그릇이 되리라.

2010년 12월

비전채플 건축을 마치고

민족의 소망 되는 교회로 세워주소서

하나님 아버지!

복된 주일, 저희들을 거룩한 하나님의 백성으로
예배의 자리에 불러주셔서 감사합니다.
흔들리는 세상 속에서 변함없는 사랑으로 저희들을
보호해주시고, 인도해 주신 주님의 선하신 손길을
찬양하며 송축합니다. 이 시간 죄악으로 막힌 담을 허시고
화평의 길을 열어주신 아버지 앞에 경배드리오니
찬송과 영광과 존귀를 받으시옵소서.

하나님 아버지,
한소망교회를 사랑하여 주셔서 이 아름다운 비전채플에서
마음껏 주님을 찬양하며 예배드리게 하시니 감사합니다.
두 날개로 비상하는 우리 교회가
이 민족의 소망이 되게 하여 주시옵소서.

이웃을 섬기며 잃어버린 한 영혼, 한 영혼을 품고
기도하며 헌신하는 한소망 공동체를
부흥하며 번성하게 하옵소서.
알파의 문을 열어주셨사오니 불러주신 V.I.P와 새신자들이
살아계신 주님을 만나며 목장과 교회에 정착하도록
인도하여 주시옵소서.

힘차게 진행되는 성공의 사다리 가운데
성령하나님 기름 부어 주시옵소서.
저희 모두가 건강하고 행복한 교회 생활을 통하여
믿음으로 승리하는 삶을 살아가게 하옵소서.

하나님 아버지,
올 한 해도 저희들에게 귀한 직분과
사명을 맡겨주셔서 감사합니다.
빛 된 사명, 사역과 삶의 자리, 자리마다
성령의 아름다운 열매를 맺어 하나님께 영광을
돌릴 수 있도록 축복하여 주시옵소서.

사랑의 주님! 이 나라에서 펼쳐진 평창 동계올림픽이
평화롭게 마쳐지게 하시니 감사합니다.

이 나라 이 민족 가운데 강한 손을 펴사

전쟁의 위협과 공포가 사라지게 하시고

막힌 모든 문제들이 평화롭게 풀어지게 하옵소서.

이 민족이 주님의 사랑과 복음으로 하나 되어

선교한국으로 우뚝 서도록 은혜를 내려 주시옵소서.

하나님 아버지,

사랑하는 위임목사님을 위하여 기도합니다.

이 시대에 말씀의 종으로 지도자로 세워주셨사오니

권세와 능력을 덧입혀 주시옵소서.

민족과 교회를 사랑으로 섬기며 나갈 때마다

강건케 하시고 지혜와 리더십을 더하여 주시옵소서

오늘도 말씀을 들고 단 위에 서신 위임목사님에게

성령의 능력으로 함께 하사

저희들의 심령을 새롭게 하여 주시옵소서.

예배를 위하여 수고하는 찬양대와 모든 예배위원들의

수고와 헌신을 기쁘게 받아 주시옵소서.

신령과 진리로 드리는 예배의 시간 시간,

성삼위 하나님 임하여 주사, 주님 홀로 영광 받아 주시옵소서.

저희들의 소망이요 생명 되신

예수님의 이름으로 기도합니다. 아멘.

2018년 2월, 주일예배 기도문

5부

시대를 바라보며 드린 마음

한국교회와 노회를 향한 조용한 기도

✝

"상한 갈대를 꺾지 아니하며
꺼져가는 등불을 끄지 아니하고
진실로 정의를 시행할 것이며

그는 쇠하지 아니하며 낙담하지 아니하고
세상에 정의를 세우기에 이르리니
섬들이 그 교훈을 앙망하리라"

사 42:3-4

피의 발자취 위에 새긴 임직의 서약

임직을 앞둔 피택자들이 오랜 시간 기도하며 교육과 훈련의 시간을 가졌다. 오늘은 그 일정 가운데 하나인 국내성지순례를 하는 날이다. 류영모 위임목사님과 함께 147명의 일행이 하나가 되어 국내 성지 순례여행을 시작했다.

1박2일 일정으로 시작된 첫 목적지는 양화진 선교사 묘원이었다. 맑고 청명한 가을 하늘 아래 드리운 양화진 선교 묘지는 아늑하고 따뜻한 품으로 우리를 맞이해 주었다. 차 안에서 영상으로 선교사 한분 한분의 업적, 그리고 헌신을 보았다. 그렇게 조선을 사랑하고 조선 사람을 사랑했기에 이 땅에 목숨을 바친 선교사들, 피 흘린 선교사 성지의 땅을 밟으며 한분 한분의 묘지를 돌아보았다.

어린 자녀와 부인을 낯선 땅, 조선에 묻고 어두움과 무지 속에 갇혀 살던 이 땅을 위해 마지막까지 복음과 사랑을 위해 몸 바치신 고귀한 선교사 한 분 한 분의 발자취를 살펴보았다. 그리고 그들을 품에 안듯 다함께 묘역에 둘러서서 위임목사님의 간결한 메시지를 듣고 간절한 기도를 함께 드렸다. 첫 성지에서 오늘 우리에게 주어진 복음의 빚진 사명을 새롭게 마음에 새기며 다음 목적지인 화성 제암리교회를 향해 버스에 몸을 실었다.

빼앗긴 조국의 독립과 자유를 위해 만세운동을 외쳤던 기독교인 성지, 제암리교회에 도착했다. 제암리교회 원로 목사님으로부터 당시 제암리교회의 생생한 역사를 들으며 처참하고도 비극적인 순교의 현장을 목격했다. 일본인들의 무자비하고도 반인류적인 만행은 차마 눈 뜨고 볼 수 없었던 죄악의 현장이었다. 독립을 위해 만세운동을 모의했다는 이유로 선량하고 무고한 제암리교회 믿음의 가족 21명을 화염 속에 몰아넣고 남편을 찾아 울부짖는 유부녀 2명을 창과 칼로 목 베어 23명을 살해한 그 현장. 그 자리에서 우리는 숭고한 순교자들의 뜨거운 외침과 부르짖음을 들었고, 화염 속에서도 서로 부둥켜안고 나라를 위해 울부짖은 통곡의 기도 소리를 들을 수 있었다.

숨겨질 뻔한 역사, 그 한쪽에 스코필 목사님의 동상이 보인다. 이 비참한 역사의 현장을 온 세계에 전하기 위해 카메라를 손에 들고 사진을 찍는 모습으로 그때의 현장을 보여주며 서 있다. 애국자가 다 기독교인이 아니지만 기독교인은 다 애국자라는 목사님의 말씀을 기억하며 영광 야월교회를 향하여 발걸음을 옮긴다. 동족상잔의 비극 속에 벌어진 참혹하고도 비극적인 순교의 현장, 영광 야월동 야월교회를 찾아 그 순교의 발자취 하나하나를 보고 들었다.

같은 민족이면서도 이념 하나로 갈라져 총과 칼 뿌리로 어떤 이는 돌을 목에 매달아 바다에 빠트려 죽인 현장. 야월 동네 기독교인을 포함 65명의 생명을 무자비하고 잔인하게 앗아갔다. 인간의 죄악성이 얼마나 무서운 것인지 새삼 몸서리쳐졌다. 총회장으로 취임 후 이곳 순교기념교회를 첫 방문지로 찾아 설교하셨던 류영모 위임목사님의 비디오 테이프를 보고 들었다.

오늘날 우리가 순교할 순 없지만, 우리들의 삶 속에서 증인으로 살아가는 것이 곧 순교의 삶이라고 외치셨던 그 자리에서 다시 우리들도 들었다. 우리 일상의 삶에서 순교의 삶, 증인으로 살아내야 하는 것이 얼마나 소중하고 귀한 것인지 크게 도전받으며 야월동 순교 역사지를 돌아보았다.

마지막 날, 순교자 방문지인 광주 양림동 일대를 돌아보았다. 광주 선교의 아버지 유진벨 선교기념관을 중심으로 양림동 일대가 '순교와 선교의 중심지'로서 지금은 기독교 복음의 꽃을 피우는 근대 문화 유적지로 잘 가꾸어져 있었다. 호남신학대학교 동산 위에는 선한 사마리아인으로 이 땅에 복음을 들고 들어와, 상하고 찢기고 고통받는 백성들과 예수님의 사랑으로 살아내셨던 65명의 외국인 선교사 묘역이 자리 잡고 있었다. 또 다른 양화진, 광주의 성지이다. 땀과 피가 묻어있는 성지 묘역을 엄숙한 마음으로 돌아보면서 그들의 따뜻한 사랑의 숨결을 느낄 수 있었다. 온몸으로 살아온 복음의 삶, 증인의 삶, 순교의 삶이 무엇인지를 보고 들으며 오늘 우리가 어떻게 살아내야 하는지 마음이 숙연해진다.

짧은 일정 우리는 이제 각자 삶의 자리로 흩어진다. 하지만 잊지 않을 것이다. 순교자들이 남긴 그 숭고한 정신을 이어받아 우리 또한 세상 속에서 살아있는 순교자로, 향기로운 복음의 증인으로 당당히 살아낼 것을 다짐해본다.

2023년 10월

참된 리더십을 기다리며

공동체와 조직의 질서보다 개인적인 의견을
고집하고 자신의 이익을 추구하는 것이 지나치면
유아독존이 되기 쉽다.

목적이 선하면 방법과 진행의 과정도
선해야 한다고 했는데

지금은 참다운 지도자가 그리운 시대다.
어른다운 어른이 있었으면 얼마나
좋을까 아쉬운 생각이 많이 든다.

지도자는
맛없는 레몬을 맛있는 레몬 레이드로
만드는 기술과 지혜를 가진 자라고
누군가 말했다.
그런데 오히려

맛있는 레몬 레이드를 맛없는 레몬으로 만드는
어리석은 지도자들의 모습으로 국가나 공동체가
위기와 혼란을 겪고 있는 모습을 자주 보게 된다.

이견에 분노하며 극한으로 대립하여
갈등과 분열이 가중되는 때,
서로의 입장을 존중하며 상대방의 심중을 깊이 헤아리고
포용하여 이해시킬 수 있는 지도력이 얼마나 필요한 시대인가!

에이브러햄 링컨은
한 방울의 꿀이 한 드럼의 분노보다
더 많은 파리를 잡는다고 말했다.

참으로 어렵고 힘든 시대
갈등과 분열과 양극화가 심화되는 위기의 시대에

메말라 가는 가슴, 가슴에
냉수 한 잔으로 시원한 맛을 내게 하는

참된 지도자, 참된 리더십이 그립다.

2022년 8월

한국교회의 푸른 희망을 위한 마중물

류영모 목사님이 주관하여 진행하신 '한지터 목회세미나'의 마지막 날이었다. 전주에 있는 동신교회에서 개최되었기에 목사님과 함께하는 일행은 새벽에 교회에서 만났다. 전국적으로 날씨가 춥고 눈이 오는 지역이 많아 안전과 도착시간이 조금은 걱정되었지만 목사님의 기도로 하루의 일정을 하나님께 의탁하며 전주로 출발하였다.

11월에 시작되었던 목회세미나는 전국 10개 지역에서 진행되었고 이 목회세미나는 한국지도자센터(한지터) 주관 행사이지만 한국교회에 대한 거룩한 부담과 비전을 담아 류영모 목사님의 계획과 주관으로 진행된 행사였다.

서울지역 2곳, 대전, 대구, 청주, 광주, 경기, 부산, 강원, 그리고 전주지역을 오가며 전국 10개 교회에서 목회자를 대상으로 이루어진 이 세미나는 홍인종 교수님(장신대), 안교성 교수님(장신대), 류영모 목사님이 주강사로 세워져 진행되었다.

홍인종 교수님은 뉴시니어시대의 엠파워링에 대하여 연구된 내용을 발표하셨다. 이 시대 뉴시니어의 개념과 특징, 문제점과 장점들을 강의하시면서 그들이 목회적 관점에서 새롭게 부흥시켜 나가야 할 대상임을 강조하셨다. 나 역시 뉴시니어의 한 사람이기에 이 강의를 들으면서 많은 공감을 했고, 정체성을 재발견할 수 있었다. 더불어 앞으로 준비해 나가야 할 내용과 마음가짐을 새롭게 담을 수 있는 소중한 시간이었다.

류영모 목사님은 세대목회(Generation Ministry)와 목회기획 원리에 대하여 강의하셨다. 시대적인 안목과 통찰력으로 현시대 사회구조의 변화와 현대 교회가 가지고 있는 문제점을 실제적인 목회 경험을 토대로 생생하게 전달해 주셨다. 안팎으로 어려운 위기를 맞은 한국교회를 새롭게 변화시키고 진정으로 교회를 부흥시키기 위한 대안과 몸부림과 새로운 희망의 메시지를 전해 주셨다.

안교성 교수님은 '종교개혁 500주년과 목회'(개혁교회 브랜드가치 회복)란 주제로 메시지를 전해 주셨다. 이 시대는 사회와 교회와 개인이 변혁되어야 하는 시기이다. 유럽교회의 변질과 퇴폐를 보면서 우리들이 먼저 새롭게 변화되어야 함을 일깨워

주셨다. 어쩌면 계급주의, 개교회주의, 이기주의, 맘몬 우상 숭배, 교권주의로 깊이 물들어 있는 한국교회가 겸손히 회개하고 개혁의 주체로 다시 한번 일어서야 함을 강조하셨다.

짧은 듯 길었던 여정이 끝났다. 어찌 보면 미약하고 힘겨운 발걸음이었다. 그러나 이 모든 것은 이제부터 시작이라고 생각한다. 주님께서는 이제 우리와 한국교회가 새롭게 나아가야 할 때인 것을, 이번 세미나를 통해 분명히 알려주셨다.

이번 여정을 위해 류영모 목사님과 한소망교회가 마음과 기도를 담고 함께 달려온 시간들. 분명 이 시간들은, 한국교회가 이 민족의 푸르른 희망의 숲을 이루어가도록 눈물로 뿌린 씨앗이요 참다운 부흥을 일으키는 불씨요 저 깊은 곳 맑은 영성의 샘물을 퍼 올리는 마중물이 될 것이라 기대한다. 그리고 기도한다.

2014년 12월

리더로서의 나의 십계명

서울서북노회 장로회 39회기 회장을 맡게 되었습니다. 새로운 한 회기의 리더로서 역할을 어떻게 감당해야 할지를 묵상하며, 다음과 같은 나의 십계명을 정하여 굳게 다짐해 보았습니다.

1. 예수님의 말씀과 삶을 깊이 생각하고 결정하자.
2. 예수님의 성품으로 살아가도록 노력하자.
3. 성령의 인도하심보다 나의 계획과 일과 능력을 우선시하지 말자.
4. 환경과 조건과 감정에 흔들리지 말고 더욱 내 마음을 지키자.
5. 큰 것에만 주목하지 말고 작은 일에 최선을 다하자.
6. 모든 일과 관계는 주님께 하듯이 하자.
7. 좋은 일 선한 일을 행한다 하면서 나의 명예와 명성을 드러내려 하지 말자.
8. 내 의견을 주장하지 말고 다른 의견을 존중하고 한마음이 될 때까지 기다리자.

9. 어느 자리에 있더라도 겸손함으로 섬김의 자리임을 잊지 말
고 감사한 마음으로 낮고 더 작아지자.

10. 많은 일을 하는 것보다 주님이 기뻐하시는 일이 무엇인가
를 먼저 생각하자. 빠르게 가려는 것보다, 조금 늦더라도
마음을 합하여 함께 가자.

2021년 10월

시작은 나로부터

코로나19는 전 세계가 전혀 예상치 못한 위기와 공포와 변화를 가져왔다. 한 번도 경험해 보지 못한 비대면의 경험으로 이전의 모습으로 돌아갈 수 없는 뉴노멀의 시대를 맞이하게 된 것이다.

뉴노멀 시대에 빠르게 변화하는 정보 지식과 다가올 제4차 산업혁명은 새로운 기회이자 위기로 다가왔다. 뜻하지 않게 맞은 위기의 시대, 사회 다양한 영역 이곳저곳에서 절망과 고통의 신음소리가 들린다. 몸살을 앓고 있는 아프고 상처난 모습들을 보고 듣는다. 정치적인 이념으로 진보와 보수로 분열되고 작은 자와 큰 자, 가진 자와 못 가진 자의 양극화 문제. 남녀 평등, 저출산 문제, 지구 온난화로 인한 환경과 생태계의 파괴 등 해결하고 풀어야 할 문제들이 산적해 있는 것이 현실이다.

미래의 희망을 잃고 꿈이 사라져가는 이 시대 젊은 자녀들의 모습도 안타깝기만 하다. 아픈 시대의 중심에 서 있는 하나님의 자녀인 우리들의 모습은 어떠한가. 이 시대를 바르게 섬기고 이끌어 가야 할 우리 교회와 기독교도 많은 어려움과 위기에 봉착해 있다. 기독교인이라고 하는 나의 부끄러운 모습들로 인해 사회로부터 오해와 지탄의 대상이 된 것도 숨길 수 없는 현실이다.

이제 머지않아 코로나와 함께 살아가야 하는 '위드 코로나 시대'에 접어들 것이라고 한다. 단계적 일상 회복을 준비해야 하는 때이다. 또한 지금 이 시대 모든 위기와 어려움은 나를 돌아보는 기회이기도 하다.

모두가 어렵고 힘든 이 때에 기독교인으로 살아가는 나는 무엇을 준비하고 어떻게 변화된 삶을 살아야 하는지를 깊이 생각하게 된다.

올해 우리 교단 총회의 주제는 "복음으로 교회를 새롭게 세상을 이롭게"이다. 복음의 본질로 내가 먼저 바르게 서야 한다. 이제는 더 이상 주님과 세상 앞에 부끄러움이 없도록 새로워져야 한다.

내로남불로 서로를 비방하는 게 익숙한 세상이 되었다. 내가 하면 로맨스요 남이 하면 불륜이라는 자기당착에 빠져 개인주의, 이기주의가 판을 치는 세상이다. 무엇이 참 진리인지 혼돈케

하는 이단 교리와 악한 사조가 난무하여 참된 신앙인을 유혹하며 흔들리게 하는 세상이다.

내가 먼저, 말씀 앞에 바르게 서야 가정이 변하고 우리 교회가 변하고 사회가 밝게 변할 것이다. 어떠한 상황과 환경 속에서도 믿음으로 소망을 가지고 주님과 동행하는 삶을 살아야 한다. 흔들리거나 변질되지 않도록 예배와 말씀과 기도 생활로 스스로 겸비함에 힘써야 할 때이다.

그리고 공적복음의 사명을 가지고 사회를 섬겨야 할 시대이다. 시간이 좀 걸리더라도 잃어버린 신뢰를 회복해야만 한다. 교회 안에서 우리만이 누리는 복음이 아니라 우리 이웃과 사회와 소통하며 삶으로 섬김의 본을 보여야 할 때다. 신앙인의 정체성을 가지고 복음의 빛을 발해야 한다.

무슨 일을 하든지 마음을 다하여 주께 하듯 하고 사람에게 하듯 하지 말라고 하신 주님의 말씀처럼 깨어져야 할 것이다. 무너지고 막혀 있는 곳이라도 내가 먼저 가고, 내가 서 있는 자리에서 양보하고 때론 포용하면서 화목과 화평을 이루어가야 한다. 더 낮고 낮은 자의 모습과 섬김으로 커다란 위기와 문제 앞에서 작지만 나로부터 시작한다면, 가정에서 교회공동체에서 그리고 일하는 나의 일터 속에서 위드 코로나를 넘어 복음의 아름다운 역사를 보게 되리라.

작은 것을 통해 큰 역사를 이루어 가시는 주님의 손길을 굳게 믿기에 다시 한번 나로부터 '복음으로 녹여내는 삶'을 새롭게 시작해야 할 때이다.

2021년 10월 30일
한국장로신문 기고문

지는 노을이 아름다운 이유, 참된 지도자의 길

오늘은 대한예수교장로회(통합) 107회기 총회가 창원 양곡교회에서 개최되는 날이다. 류영모 위임목사님이 총회장으로서 1년의 임기를 마치고 이취임식도 거행되는 날이다. 이에 한소망교회를 대표하여 장로회를 비롯한 몇몇 분들이 함께 참여하게 되었다.

이른 새벽에 출발하여 먼 길을 향해 출발하는 마음들이 설레고 기쁘고 감사했다. 위임목사님이 총회장을 준비하시며 함께 기도하며 분주하게 다녔던 수년 전의 시간과 행보들이 스쳐 지나간다.

힘을 다하여 섬겨드리지 못한 연약함과 부족함도 많이 있었지만 하나님이 언제나 함께하시며 그 어려운 과정들을 선하게 인도해 가심을 보았다. 하나님께서는 위임목사님을 지도자로 준비시키고 세워주셔서 가장 어려운 시대에 한국교회와 한국사회를 위해 복음의 가치와 정신으로, '교회를 새롭게 세상을 이롭게 하는' 공적복음의 사명으로 몸부림치며 달려오게 하셨다.

이 시대를 향한 주님의 사명이요 비전이요 꿈이었기에 이임식을 앞두고 함께한 자리에서 위임목사님은 이렇게 말씀하셨다. 많은 사람들이 "총회장에서 이임하고 떠나는 소감이 어떠시냐"고, "시원섭섭하지 않느냐"고 물어오신단다. 그러나 목사님은 "이전보다 마음이 가볍거나 섭섭한 마음이 전혀 없다"고 하셨단다. 지금까지 즐겁게 기쁨으로 감당하며 오셨고 남은 사역들도 동일한 마음으로 감당하며 걸어가셔야 하기에 그렇다고 말씀하셨다. 욕심 없이 사심 없이 부끄러움 없이 걸어온 걸음이었기에, 주님의 뜻에 따라 순종하며 사명을 감당하셨기에 가능한 마음과 생각이었으리라.

목사님의 말씀을 들으며 참된 지도자의 품격을 다시 한번 듣고 보게 되었다. 직위와 직분이 높고 낮음에 관계없이, 변함없이 낮은 마음 주님의 마음으로 한결같이 최선을 다해온 자만이 할 수 있는 고백이라는 생각이 들었다.

참된 지도자를 찾아헤매는 시대, 바른 지도자가 필요한 이 시대에 목사님의 행보를 통하여 참된 지도자의 모습을 보며 배우고 깨닫게 되니 감사할 뿐이다. 그 역사를 이루어 가시는 하나님이 참 멋지고 위대하시다.

　하루 일정을 마치고 교회로 돌아가는 시간, 위임목사님이 흘리신 눈물과 '피와 같은 땀방울로 심고 뿌리신 씨앗들'이 이 땅 위에서 아름답게 꽃피우고 열매 맺기를 기도한다. 차창 밖 붉게 물든 저녁노을, 하루의 뜨거운 열정을 불태우고 서서히 지는 석양이 오늘따라 더욱 아름답고 따뜻하게 느껴져 온다.

2022년 9월
107회기 총회를 마치고 오는 길

서울서북노회 40주년 기념예배

서울서북노회 창립 40주년을 기념하여 드린 대회가 한소망교회에서 성대하고도 장엄하게 진행되었다. 지난 40년을 되돌아보고 앞으로 나아갈 비전을 나누며 서로를 축복하고 격려하는 행복한 시간이었다.

노회와 함께 성장한 한소망교회는 이제 노회와 총회의 중심에 서서 한국교회를 새롭게 견인해가는 교회인 것을 전 총회장 박종순 목사님께서 축사를 통해 말씀하셨다. 이제 한소망교회는 한국교회를 더욱 새로운 마음으로 섬기고 이끌어가야 할 큰 교회, 큰 나무가 된 것을 확인하는 시간이었다.

한 해 동안 노회장으로 노회를 성심으로 섬겨온 윤한진 장로님의 행보를 지켜보며 우리 장로회는 매주 교회와 위임목사님과 노회장 윤한진 장로님을 위하여 끊임없이 기도해왔다.

노회 한 회기를 마무리하는 시간에 자랑스러운 한소망교회에

서 창립40주년 기념대회를 성대하고 장엄하게 그리고 품위있게
마치게 된 것에 감사드리며 노회장 윤한진 장로님의 수고와 헌
신에 큰 박수를 보낸다.

　언제나 새로운 길, 더 큰 길을 만들어 가시는 전능하신 하나님
께서 한소망교회와 노회장 윤한진 장로님과 우리 장로회와 함께
하시며 새로운 길, 위대한 일로 이끌어 가실 것을 바라본다. 감사
와 찬송과 영광을 하나님께 올려드린다.

2023년 10월

서울서북노회 창립40주년 기념대회를 마치고

귀한 섬김의 시간들에 마음을 보냅니다

사랑하고 존경하는 윤한진 장로님, 서울서북노회 노회장으로 1년여간 수고와 헌신을 다해 주시고 직임을 아름답게 마치신 장로님에게 먼저 축하를, 그리고 그 깊은 노고에 힘찬 박수를 보내 드립니다.

지난 한 해, 시기적으로도 어려운 시기였지만, 장로님 개인적으로도 모든 상황과 환경이 어려웠다는 것을 저희는 잘 알고 있었습니다. 노회장이란 자리는 영광스러움만큼이나 무거운 자리라는 것도 잘 알고 있습니다.

그러나 언제나 그래왔듯이 힘들고 어렵다는 말 한마디 없이, 긍정적이고 행복한 모습으로 그 직임을 감당해 오셨습니다. 노회 안 230여 개의 교회를 대표하는 수장으로, 노회 조직의 장으로 노회를 평안하고 순적하게 이끌어 오신 것은 장로님의 남다른 리더십과 말 없는 헌신의 결과라고 생각합니다.

장로님을 기억하며 격려사를 준비하는 저는 가을이 깊어가는 이 때에 "열매"라는 것이 생각났습니다. 단 하나의 열매라도 모진 비바람과 따가운 햇살을 통해 맺혀진다는 것을 생각하며 노회장을 맡아 걸어오신 그 길이야말로 아름답고 소중하고 값진 열매라는 생각이 들었습니다.

또 하나의 열매를 기대하는 하나님께서는 분명 장로님을 '시냇가에 심기운 나무처럼 시절을 따라 과실을 맺으며 마르지 않는 싱그러움을 간직한 형통의 길'로 인도하여 주실 것이라 믿습니다.

장로님이 노회장을 마치시고 이임 인사에서 "모든 것이 하나님의 은혜였다"고, "은혜 아닌 것이 하나도 없었다"고 고백하신 것처럼, 하나님의 선하심과 인자하심을 노래하며 평생 감사함으로 그 고백을 이어갈 수 있기를 기원합니다. 새롭고 큰길을 열어가시는 주님께서 사랑은 모든 것을 참으며, 모든 것을 믿으며 모든 것을 바라며, 모든 것을 견딘다고 말씀하셨습니다.

장로님에게 허락하신 새로운 꿈과 비전과 사명의 걸음 걸음이 담장을 넘은 무성한 가지처럼 아름답고 선한 영향력으로 온 땅에 흘러넘치기를 그리고 그 열매로 하나님께 영광을 돌리시는 장로님이 되시기를 저희 모두가 축복하며 격려사를 대신합니다.

2023년 11월

한국장로교 복지재단 인사말

저는 이번에 한국장로교 복지재단 이사로 새롭게 선임된 한소 망교회를 섬기는 천명선 장로입니다. 주님의 마음과 사랑으로 소외된 우리 이웃들을 돌보는 한국장로교 복지재단의 이사로 선임된 것을 기쁘고 감사하게 생각합니다. 늘 일상의 분주함을 핑계로 연약하고 소외된 우리 이웃들을 돌아보지 못하고 살아왔던 터라 부끄럽기도 하고 한편 작은 사명감도 갖게 되었습니다.

새로운 마음으로 한국장로교 복지재단이 지금까지 걸어온 역사를 살펴보게도 되었습니다. 선교 초기 척박하고 어두웠던 이 땅에 복음의 씨앗을 심고 땀과 눈물, 그리고 순교의 피를 흘리며 버림받고 소외된 이 백성을 품고 헌신했던 선교사들의 발자취를 살펴보게 되었습니다. 오늘도 이 땅 위에 한 알의 밀알로 드려진 수많은 분들의 수고와 헌신을 통하여 이 사역이 변함없이 이어지고 아름다운 사랑의 열매가 맺어지고 있음도 보게 되었습니다.

한국 사회는 저출산 초고령화 시대로 빠르게 변화하고 있고 사회구조가 양극단으로 분열되어 가고 있어 보이지 않는 곳에 더 많은 사랑의 돌봄과 손길이 필요한 시대이기도 합니다. 성경은 마지막 때에 사랑이 식어지고 자신의 이익과 자랑만을 좇아 살아간다고 증언하는데, 오늘 이 시대가 그러한 때가 아닌가 싶습니다.

풍요로움이 넘치는 세상 속에서 잘 보이지 않는 그늘진 곳의 작은 자 하나에게 베푸는 것이 주님에게 한 것임을 기억하며 실천해가는 본 재단은 사랑의 샘물을 흘려보내는 축복의 통로요 사랑의 모닥불이라 생각합니다.

성경은 "자녀들아 우리가 말과 혀로만 사랑하지 말고 행함과 진실함으로 하자"(요일 3:18)라고 말씀합니다. 이 말씀은 새롭게 맡겨진 자리에서 저 자신의 모습을 다시 한번 뒤돌아보며 새롭게 다짐하게 만드는 말씀이기도 합니다.

오늘도, 어두움에 빠지기 쉬운 소외된 우리 이웃을 향해 사랑의 손길을 통하여 희망과 용기를 심어주는 한국장로교 복지재단 위에 주님의 크신 은총과 사랑이 함께하기를 기도하며 신임 인사를 올립니다.

2025년 한국장로교 복지재단 신임이사 인사말

서울서북노회 신년하례 기도문

하나님 아버지, 고맙고 감사합니다.

2022년, 새해를 허락해 주시고,

새롭게 한 해를 시작할 수 있도록

인도해 주셔서 감사합니다.

이 시간 주님이 세워주신

몸 된 교회들을 위하여 간절히 기도합니다.

사랑의 주님,

이 땅 위 교회를 통하여

구원의 복음이 편만하게 증거되게 하시고

이 나라 이 민족을 '택한 백성'으로

부흥케 하셨음에 감사합니다.

주님! 지금은 어렵고 힘든 시간을 보내고 있는 한국교회를

사랑의 손길로 어루만져 주옵소서!

상처나고 아픈 모습 이대로 주님 앞에 나왔사오니

주님, 교회 위에 긍휼과 자비를 베풀어 주소서.

말씀으로 교회들이 새로워지고,

정결해지도록 하옵소서.

거룩한 영적 부흥의 불이 다시 타오르도록,

성령님 역사하여 주시옵소서.

영광스러운 예배의 자리와

사역의 자리가 속히 회복되게 하옵소서.

한국교회가 땅끝까지 민족 복음화와

선교한국의 사명을 능력 있게 감당하도록

새 힘을 더하여 주시옵소서.

특별히, 세워주신 목사님들에게 지치지 않도록

새 힘과 능력을 허락하여 주옵소서.

맡겨주신 양떼들을 참된 믿음의 길로 인도해 가도록

날마다 성령으로 충만히 기름 부어 주시옵소서

하나님 아버지,

본 교단 총회를 위하여 기도합니다.

세워주신 총회장님과 임원들에게

지혜와 명철을 허락하여 주옵소서.

한국교회를 하나로 화합하고,

평화롭게 이끌어갈 수 있는 리더십을 더하여 주시옵소서.

갈등과 분열로 아파하고 신음하는 이 땅을

복음으로 온전히 물들이며

막혀있는 담들을 화해와 소통으로 뛰어넘어

따뜻하고 아름다운 세상을 만들어가게 하소서

하나님 아버지.

서울서북노회를 위하여 기도합니다.

새롭게 세워주신 노회장님과 임원들을

주님의 선하신 손길로 인도하소서.

노회장님을 중심으로 한 마음 한 뜻 되어,

맡겨주신 많은 사역들을 화목하고 평화롭게

이루어가게 하옵소서.

다음세대를 품고 기도하고 있사오니

꿈과 희망으로 세워가게 하시고,

어려움 가운데 있는 지교회와

소외된 우리 이웃들을 더 많이 섬기고 돌볼 수 있도록,

은혜를 더하여 주시옵소서.

2022년, 올 한 해도 저희들과 동행하여 주시고

인도해 가실 성삼위 하나님께 감사와 영광을 돌리며,

우리의 소망 되시는 예수님의 이름으로 기도하옵나이다.

아멘.

2022년 1월

6부

새벽에 다시 붙든 말씀

말씀 앞에서 나를 세우는 시간

†

"주의 말씀을 조용히 읊조리려고
내가 새벽녘에 눈을 떴나이다
주의 인자하심을 따라 내 소리를 들으소서
여호와여 주의 규례들을 따라 나를 살리소서"

시 119:148-149

깨끗한 마무리 위대한 시작

한해가 끝나가는 시간이다. 한해의 끝자락에서 마지막 마무리를 잘 해야 하는 시간이다. 새해를 새롭고 힘차게 맞이하기 위하여 마무리도 깨끗하고 바르게 잘 정리하고 마쳐야 한다.

지나온 한 해, 분주함 속에 힘들고 혼란스러웠던 일상의 삶을 뒤돌아보며 떨쳐버리고 깨끗하게 정리해야 할 일이 무엇이 있는가를 생각해 본다.

생각해 보면 아쉽고 부족함이 많아서 떨쳐버려야 것도 많지만 먼저 드는 생각은 모든 순간 주님의 은혜로 살아왔다는 것이고, 이 사실에 감사하게 된다.

한 해를 마무리하며 주님 앞에 서는 날, 부끄러움이 없이 깨끗한 마무리를 할 수 있도록 언제나 시작과 마지막 그리고 현재에 최선을 다해야겠다.

오늘 이 순간 내가 하고 있는 일과 내게 주어진 관계 속에서 주님의 마음으로 사랑하고 최선을 다하며 살아가고 있는지, 주님과 동행한다고 하는 삶에 부끄러움은 없는지, 자신에게 묻고 또 되물어보게 된다.

한 해를 마치는 시간, 그리고 새해를 맞이하는 시간. 깨끗한 마무리를 위해 그리고 위대한 시작을 위해 정결한 몸과 마음으로 주님 앞에 선다.

2022년 12월30일 새벽

하늘의 보화를 찾는 시간

요즘은 찬바람을 맞으며 100일 새벽기도회에 나아갑니다. 창세기의 대역사 드라마가 끝나고 또 한편의 역사드라마 출애굽기 설교를 듣고 있습니다. 한 개인을 통하여 가족과 나라와 민족의 역사를, 어떻게 구원하여 이끌어 가시는지 하나님의 손길을 보고 듣고 있습니다. 그리고 주님께서는 지금, 이 시대에 우리가 어떻게 살아가야 하는지를 새롭게 조명하고 깨닫게 해주십니다.

류영모 목사님께서는 꿀송이처럼 달고 오묘한 하나님의 말씀을 날마다, 새벽마다 정갈하고도 맛있게 전해주십니다. 그래서 배고픈 내 영혼에 채워질 풍성한 식탁을 날마다 기대하며 찬바람을 뚫고 달려 나갑니다.

오늘 새벽엔 이러한 말씀을 하셨습니다. 목사로서 말씀을 준비하는 과정의 어려움과 기쁨을 고백하셨습니다. 배고프고 허기진 한 영혼의 식탁을 준비하기 위해 자신이 먼저 말씀 앞에 처절하게 씨름하고 탄식하며 몸부림치는 시간들이 있다고. 우리 목사님은 설교를 당연히 쉽게 잘하시는 줄 알았습니다. 밤새 씨름하며 찾아낸 숨겨진 보화 하나 하나를 함께 나누는 기쁨이 얼마나 큰 것인지를 고백하셨습니다. 어찌나 큰 감동이 되었는지요.

또 하나의 깨달음과 도전이 생겼습니다. 말씀을 통해 하나님의 뜻을 깨닫기 위해서 얼마나 간절한 마음으로 애쓰며 수고하시는지 보며 나는 세상일에 바쁘다는 핑계로, 아니 게으름과 나태함으로 가장 중요한 우선순위를 놓치고 살아가고 있지는 않은지 돌아보게 되었습니다. 땅 속에 숨겨진 보화를 찾는 것처럼, 하늘의 양식인 하나님의 말씀을 얼마나 간절한 마음으로 구하고 찾았는지도 돌아보게 됩니다. 그동안 정돈하지 못했던 시간의 우선순위를 바르게 조율하기로 결단해 보았습니다.

100일 새벽기도회. 하나님의 세미한 음성을 들으며 주님과 더 가까이 친밀하게 교제하는 이 우선순위가 흔들림 없이 이어지기를 간절히 기도합니다.

2016년 2월 새벽

하나님만 바라라

"나의 영혼이 잠잠히 하나님만 바람이여 나의 구원이 그에
게서 나오는도다 "(시 62:1)

나의 지식과 지혜와 경험을 의지하며 살아온 저에게, 교만함
과 무지함을 다 내려놓고 선한 길로 인도하시는 하나님만 바라
라 하십니다.

끊임없이 솟구치는 욕심과 욕망의 소리, 그리고 세상의 즐거
움과 안락함으로 유혹하는 저 광란의 소리로부터 잠잠히 하나님
만 바라보며 하늘의 가치와 비전을 가지고 살라 하십니다.

넘어지는 담과 흔들리는 울타리와 같은 사람과 환경을 의지하
지 말고 구원의 소망 되신 하나님만 바라라 하십니다.

넘어뜨리려는 저 세상의 유혹과 시험과 환란이 나를 흔들리게

할지라도 반석 되신 하나님만 잠잠히 바라보라 하십니다.

미움과 원망과 분노와 불평이 생길 때마다 잠잠히 사랑하시며
화평케 하시는 아버지의 마음으로 살라 하십니다.

나의 서투른 몸짓과 발버둥과 탄식을 조용히 내려놓고 잠잠
히, 그리고 또 잠잠히 하나님만 바라보라 하십니다.

새해 아침!
주님이 새롭게 오셔서 말씀해주십니다.

2007년

신년예배 때 받은 말씀을 묵상하며

먹든지 마시든지 무엇을 하든지

2023년 새해의 문이 열렸습니다. 새해 첫 주일을 맞아 예배의 자리로 나갔습니다. 올 한해 주실 말씀을 기대하며 믿음으로 한 해의 첫 걸음을 시작합니다.

"두려워하지 말라!"

주님이 주신 사명 앞에 머뭇거리지 말라는 말씀을 붙잡았습니다. 아니 이 말씀이 저를 사로잡고 인도해 가실 것을 믿음으로 받았습니다. 올 한해는 축복받은 자로 축복하며 살아가기를 기도했습니다.

환경과 상황이 어떠하다 하더라도 주님의 마음을 본받는 성품으로 선한 영향력을 흘려보내며 희망을 재건해 나가는 한 해가 되기를 소원하며 기도했습니다. 나 자신이 먼저 주님 앞에 바르게 진실하게 서게 하옵소서. 쓰러지고 무너진 곳에서 빛나는 별로 주님의 빛을 비추며 살게 하옵소서. 내 언어가 축복과 격려와 사랑의 언어가 되게 하여 주옵소서!

부정적인 말과 시기와 미움과 분열의 언어는 막아 주시고 언제나 긍정과 희망을 담은 언어로 어둠 속에 작은 등불을 켜는 언어를 흘려보내기를 소망합니다.

"그런즉 너희가 먹든지 마시든지 무엇을 하든지 다 하나님의 영광을 위하여 하라"(고전 10:31)

올해 신년에 뽑은 말씀카드를 붙들고 묵상하며 결단해 봅니다. 내 자신의 영광이 아니라 하나님의 영광을 위해 살아가라고 주신 말씀을 기억하며 무슨 일을 하든지 하나님의 나라와 의를 먼저 구하고 하나님의 영광이 되는 일에 손과 발이 뒤처지지 않기를 다짐합니다. 조금 힘이 드는 일, 하기 싫은 일, 가기 싫은 곳일지라도 그것이 선한 일이라면 순종해 보렵니다.

참 좋으신 하나님 아버지, 올 한해 하루하루를 늘 새롭고 감사한 날로 맞이하기를 기도합니다. 하나님 한 분으로 기뻐하고 즐거워하며 살아가게 하시고 말씀으로 저를 이끌어 가소서. 평생 여호와의 선하심과 인자하심을 맛보며, 찬양하고 간증하며 살아가게 하옵소서. 아멘.

2023년 1월 2일, 첫 주일을 보내며

고난과 위기를 마주할 때

　인생의 여정 속에서 우리는 크고 작은 고난과 위기를 수시로 마주합니다. 뜻하지 않은 일, 도저히 이해할 수 없는 어려움이 찾아올 때면 우리는 곧잘 질문하곤 합니다. "왜 하필 나에게 이런 일이 생겼을까?"라는 원망 섞인 질문으로 불평의 시간을 보내기도 합니다. 하지만 하나님의 자녀와 선한 이들에게조차 찾아오는 이 위기와 고난을 어떻게 받아들이고 이해해야 할까요?

　오늘 새벽, 말씀을 통해 주님은 제게 귀한 깨달음을 주셨습니다. 고난을 당할 때 인간적인 생각과 수단으로만 이해하고 해결하려 드는 것은, 어쩌면 내 힘으로 삶을 주관하려는 교만한 마음이자 불신앙의 태도임을 알게 하셨습니다. 오직 모든 것을 보시고, 아시며, 친히 주관하고 심판하시는 하나님 앞에 잠잠히 참고 기다리며 견뎌내는 것, 그것이 바로 참된 신앙인의 모습이라고 말씀하십니다.

돌이켜보니 저 역시 위기의 순간마다 부정적인 생각에 휩싸여 마음이 흔들리곤 했습니다. 하나님을 온전히 신뢰하지 못한 불신앙이었고, 주권자 앞에 무례하고 교만했던 저의 모습이었습니다. 받아들이기 어려운 환경일지라도 모든 것을 아시는 하나님 앞에 잠잠히 인내해야 합니다. 모든 것의 참된 주인은 하나님이시며, 선악 간의 모든 행위를 아시고 심판하시는 분 또한 오직 주님 한 분뿐이시기 때문입니다.

지금 제가 무엇보다 우선하여 해야 할 일은, 어떠한 상황에서도 무너진 내 신앙의 성벽과 성문을 다시 수축하는 일입니다. 예배의 자리, 기도의 자리, 그리고 말씀의 자리를 더욱 견고히 다져야겠습니다. 바르고 진실하게 살아가는 그 거룩한 일상이 삶의 기본이 되도록 힘쓰겠습니다. 무너져 있던 저의 영성을 말씀으로 다시 바르게 세워가렵니다. 나를 다듬어 가시는 주님의 손길을 신뢰하며 오늘도 기쁨으로 외칩니다.

"너희 의인들아 여호와를 기뻐하며 즐거워할지어다 마음이 정직한 너희들아 다 즐거이 외칠지어다"(시 32:11)

2023년 1월 4일, 새벽 말씀 묵상 중

 6부. 새벽에 다시 붙든 말씀

모든 위기는 본질로 돌아가라는 하나님의 사인입니다.

오늘 새벽에 주신 말씀은 인생의 위기가 올 때 고난이 올 때 본질에 집중하라는 말씀이었다. 사단의 시험과 방해는 끊임없이 우리를 넘어뜨리고 무너지도록 공격한다. 주님으로부터 주어진 사명을 감당하려 할 때 더 큰 방해와 공격들이 거세게 닥쳐오는 경우들이 있다. 특별히 리더들과 지도자들이 겪는 고통과 아픔이 더 크고 많음을 알게 되었다.

리더로 세움을 받은 자는 홀로 견디며 쉽게 티내지 말아야 한다. 아픔을 홀로 새기며 오히려 주변 공동체를 돌봐야 하기에 홀로 겪는 고통과 아픔과 눈물은 크다. 그러나 그 눈물 역시 오직 주님 앞에 올려야 한다고 하셨다.

리더가 무너지면 공동체가 무너진다. 그러기에 내가 먼저 나를 세우고 지켜야 한다. 오직 하나님만을 바라보고 의지하며 나를 격려하고 내가 나를 붙들어야 한다.

모든 위기는 본질로 돌아가라는 하나님의 사인이다. 하나님을 더 분명히 바라보며 주어진 선한 사명, 사역에 집중해야 한다. 힘들어 쓰러지고 포기하고 싶을 때 한 걸음만 더 전진하자는 믿음과 용기가 필요한 때이다.

기도하며 믿음으로 한 걸음 앞으로 나아갈 때 하나님으로부터 도우심의 역사는 시작되고 기적은 일어난다고 하셨다.

힘들고 어려워도 우리와 함께하시는 주님의 손길을 믿고 끝까지 포기하지 않으리라. 생명을 거는 믿음과 용기를 가지고 내게 주어진 사명의 길을 걸어가야겠다.

주님,
내 안일과 영위를 위하여 걸어가지 않게 하소서.
하나님의 영광을 위한 삶을 포기하거나 넘어져 있지 않도록
제 마음에 새로운 용기와 믿음을 주시고
열정을 허락하여 주소서.
제게 주어진 사명과 사역에 끝까지 마지막까지 집중하며
살아가도록 제 손을 붙잡아 주시고,
날마다 새 힘을 허락하여 주소서.

2023년 1월 5일, 새벽 말씀 묵상 중

주님의 날개 그늘 아래 거하게 하소서

오늘도 흔들리는 마음을 안고 주님의 인자하심 앞에 나아갑니다. 시편의 고백처럼 제 영혼이 여호와를 즐거워하며, 그 구원의 은총을 기뻐하기를 원합니다.

세상에 비바람을 맞지 않고 피는 꽃이 어디 있겠습니까. 우리 인생 또한 거센 폭풍우를 견디며 열매를 맺어가는 과정임을 알지만, 막상 고난의 파도가 밀려오고 앞길이 캄캄해질 때면 저는 어찌할 바를 몰라 방황하며 넘어집니다.

주님, 저의 연약함을 고백합니다. 제 힘과 능력으로 이 깊은 수렁을 헤쳐 나가려 몸부림쳐 보았지만, 그럴수록 더 깊이 가라앉는 저를 발견합니다. 지금 제 마음속에는 말로 다 할 수 없는 격동의 폭풍우가 몰아치고 있습니다. 오직 저만이 아는 괴로움과 탄식 속에 주님의 이름을 조용히 불러봅니다.

자비로우신 주님, 쓰러지고 넘어진 바로 그 자리에서, 주님의 약속을 붙잡고 기도의 자리로 나아갑니다. 제가 깊은 어둠 속에서 길을 잃지 않도록 주님의 강한 손으로 저를 이끌어 주시옵소서. 세상의 풍파가 몰려올 때, 주님의 날개 그늘 아래 저를 숨겨 주시옵소서. 그 넓은 품 안에서 주님만을 바라보는 평안을 허락하소서.

언제나 변함없으신 나의 아버지. 주의 선하심과 인자하심은 영원하십니다. 상처 입고 지친 저의 심령을 회복시켜 주시어, 베풀어 주신 구원의 은총을 다시금 찬양하게 하소서.

오늘 하루, 주님의 품 안에서 먹고 마시며 주님과 동행하는 기쁨을 누리기 원합니다. 제가 어느 곳에 있든지, 무슨 일을 하든지 주님의 그늘 아래 머물게 하소서. 주님이 함께하심으로 인해 제 입술에 기쁨과 감사가 넘치는 하루가 되게 하소서.

2023년 1월 9일, 새벽 묵상

내 입술에 파수꾼을 세우소서

"악을 행하는 자들 때문에 불평하지 말며 불의를 행하는 자들을 시기하지 말지어다"(시37:1)

살다 보면 억울하고 원망이 터져 나올 때가 있습니다. 특별히 부당한 방법으로 자기들의 욕심과 이기심을 채워가는 사람들을 볼 때면 더욱 화가 나고 저들을 욕하고 비난하는 제 모습을 보게 됩니다.

그러나 돌이켜보면 나와 다른 이들을 보며 불평하는 것은 내 자신의 의로움만 나타내는 것, 그들이 나와 다르다는 것을 인정하지 않는 모습일 뿐입니다. 다른 이들의 잘못된 모습을 보며 비난하고 시기하는 것은 내 속에도 욕심과 이기심이 있다는 반증이자 교만한 마음의 모습입니다.

오직 우리를 높이고 강하게 하는 존재는 여호와 한 분뿐임을 고백하며 믿음으로 여호와를 기뻐하는 삶을 살아야겠습니다.

"여호와를 기뻐하라 저가 네 마음의 소원을 네게 이루어주
  시리로다"(시37:4)

불평과 원망은 또 하나의 악을 행하는 불신앙의 모습일 뿐. 부러워하지 말고 비교하지 말고 욕심내지 말고 나와 다른 이들을 인정하며 통 넓은 마음으로 축복해보면 어떨까 싶습니다. 남들을 비난하고 욕하여 마음의 평정을 잃어버리지 않도록 내 눈 속에 있는 들보를 헤아려 봅니다.

오늘도 내 입술에 파수꾼을 세워주셔서 원망과 불평과 시기의 말들을 멀리 할 수 있도록 제 입술을 지켜 주소서. 너그러운 마음으로 포용하고 주님의 선하심을 노래하도록 성령으로 기름부어 주소서!

2023년 1월 10일, 새벽 묵상

                                6부. 새벽에 다시 붙든 말씀

내가 죽어야 내 안의 주님이 사시는 삶

"내가 그리스도와 함께 십자가에 못 박혔나니 그런즉 이제
는 내가 사는 것이 아니요 오직 내 안에 그리스도께서 사
시는 것이라. 이제 내가 육체 가운데 사는 것은 나를 사랑
하사 나를 위하여 자기 자신을 버리신 하나님의 아들을
믿는 믿음 안에서 사는 것이라"(갈 2:20)

죽은 자는 말이 없다고 합니다. 말이 없다는 것은 곧 나의 자아
가 죽었음을 의미합니다. 여전히 내 안에서 쏟아져 나오는 수많
은 말은, 어쩌면 내가 아직도 시퍼렇게 살아있다는 반증일지도
모릅니다. 내 마음 깊은 곳에서 꿈틀대는 욕망과 이기심, 시기와
미움, 그리고 불평들은 결코 숨겨지지 않은 채 언젠가는 일상의
다양한 모습으로 드러나고야 맙니다.

내가 주님과 함께 죽었다는 것은, 이제 내 안의 본성이 아닌 주
님의 사랑으로 살아간다는 것을 뜻합니다. 주님께서는 모든 것
을 참으시고 견디시며 우리에게 '참사랑'의 본을 보여주셨습니

다. 조건적이고 연약하여 언제든 변할 수밖에 없는 인간의 사랑과 달리, 참된 사랑은 나를 죽여야 비로소 완성되는 사랑입니다. 주님께서 먼저 나를 사랑하셔서 죽기까지 순종하셨기에, 저 또한 죽어야만 비로소 제대로 사랑할 수 있습니다. 이기심과 자존심, 교만과 욕망, 시기와 미움, 원망과 불평. 이 모든 것을 십자가에 못 박습니다. 이제는 날마다 성령님의 도우심을 구하며, 주님과 함께 생명의 길을 걸어가고자 합니다.

"그리스도와 함께 십자가에 못 박혔다"는 고백은 주님과 함께 다시 살아났으며, 지금 이 순간도 주님과 동행하고 있다는 믿음의 선포입니다. 주님을 나의 주인이라 고백하며 따르는 자라면, 주님이 먼저 우리를 사랑하신 것처럼 "서로 사랑하라" 하신 그 새 계명을 가슴에 깊이 새겨야 합니다. 내 몸을 불사르게 내어줄지라도, 사랑이 없으면 저는 아무것도 아니기 때문입니다.

오늘도 그 하늘의 사랑이 제 안에 넘쳐흐르기를 간절히 소망합니다. 성령님, 저의 메마른 영혼 위에 충만한 기름 부음을 허락하여 주시옵소서. 여호와를 경외하는 명선이는, 날마다 주님의 사랑 안에 거하며 그 사랑을 흘려보내는 주님의 참된 제자로 살아가기를 다짐합니다.

2022년 11월 9일, 새벽 묵상

생각이 머문 자리

삶과 자연을 통해 선물처럼
다가온 지혜의 순간들

†

"하나님이 이르시되 빛이 있으라 하시니 빛이 있었고
빛이 하나님이 보시기에 좋았더라."

창 1:3-4

만화방초

경남고성에는 만화방초라는 곳이 있다.

만화방초.

온갖 꽃들과 향기로운 풀이라는

뜻이다.

오늘 지인과 함께

만화방초를 찾아가 보았다.

산 속에 자리잡은 자연 속의 꽃밭이었다.

크고 화려한 꽃들과

이름 모를 작고 소담한 꽃들이

어우러져 조화로운 정원을 만들어내고 있었다.

그리고 저마다

순수하고 아름다운 모습으로

저마다의 향기와 자태를 뽐내고 있었다.

작지만 아담하게 꾸며놓은 정원에는

작은 물고기와 올챙이가 노는 아담한 연못도 있었고,

특히 다양한 수국들이 저마다 형형 색깔의

모습으로 활짝 피어있는 꽃동산을 이루고 있었다.

자연 속 꽃밭의 정원을 거닐고 누려보는 시간은

분주한 일상에서 벗어나 몸과 마음에 쉼과 안식을 갖는

힐링의 시간이었다.

주님이 지으신 아름다운 세계

그 이름 모를 꽃 한송이 풀 한 포기에도

나름의 고유한 아름다움과 향기가

묻어나 있는 것을 보고 느꼈다.

주님은 그렇게 모든 만물을 지으셨나 보다!

하물며 우리 인간이야 어디에 무엇으로 비교할 수 있을까.

꽃보다 아름다운 서로를 바라보는 눈길 속에

그 아름다움과 향기를 나누고 볼 수 있다면

얼마나 좋을까.

꽃도 보는 이가 꽃이라고 불러 주어야 하고

   7부. 생각이 머문 자리

풀 한 포기도 사랑의 눈으로 보아야 꽃이라 했다.

약점과 모순이 많은 우리 인생
사랑의 눈길로 서로를 바라볼 수 있다면
얼마나 좋을까.

내 마음이 또 부끄러워진다.
가장 가까이 있는 이, 귀하게 여기는 마음으로
보듬어주고 기다려줄 수 있는
너그러움이 있어야 하는데…

만화방초.
아름답고 향기로운
꽃처럼 풀처럼

서로의 모습 그대로
주님이 지으신 모습 그대로
서로가 조화를 이루며 살아가도록
내 마음의 정원에 아름다운 꽃씨를 뿌려본다.

2019년 6월

영혼의 슬로우 푸드, 진정한 웰빙을 위하여

새해에 첫 방송된 <생로병사> 프로그램에서 '슬로우 푸드'에 관하여 방영된 것을 시청하였습니다. 제목이 생소하였지만 참 흥미롭게 보았습니다. 남다른 깨달음도 덤으로 얻을 수 있었습니다.

제목의 뜻풀이로 본다면 패스트푸드(FAST FOOD)의 반대 개념인 슬로우 푸드는 아마 현대인들이 빠르게 즐겨 먹는 서구식 음식문화에 비해서 느리게 요리해서 먹는 전통 음식 문화를 말하는 것 같았습니다. 어린아이부터 성인까지 참가한 12명의 사람들은 갖가지 음식에 대한 편식과 잘못된 식생활에서 비롯된 습관과 맛에 길들여진 사람들이었습니다. 편식, 중독현상, 비만 등으로 자칫하면 건강에 이상이 있을 수도 있는 상태의 사람들이었지만 어찌 보면 현대를 살아가는 우리들의 모습이 아닌가 생각되었습니다. 인공 조미료 없이 자연적인 식품들로 만들어진 반찬과 밥, 간이 가미되지 않은 상태로 음식 먹기, 음식을 오래

　　　　　　　　　

씹고 천천히 식사하기, 못 먹었던 양파, 미역, 김치 먹어보기, 커피를 비롯하여 인스턴트 기호 식품 끊어보기 등 실로 우리나라 전통 방식으로 만들어낸 음식만을 먹으며 훈련하는 모습이 등장했습니다.

짜증도 내고 투정하며 밥을 안 먹는 아이들. 간이 맞지 않아 무슨 맛으로 먹냐며 사는 맛이 안 난다는 한 아주머니. 커피가 먹고 싶어 몰래 가지고 온 인스턴트 커피를 타서 나누어 먹는 사람들. 김치 한 조각, 양파 한 조각을 피하려 안쓰러운 모습으로 꺽꺽거리며 억지로 먹는 아이들까지. 그러나 일주일의 시간들을 몸소 체험하며 한마디씩 하는 말은 '슬로우 푸드' 방식으로 생활한 후 몸이 가벼워지고 기분까지 좋아졌다는 것이었고, 대체로 건강에 자신감이 있어 보였습니다.

몸의 건강을 위하여 참다운 웰빙을 찾아가는 프로그램을 통하여 이 시대에 사는 나와 우리의 영적인 건강 상태를 생각해 보았습니다. 인터넷 정보화시대, 매스미디어 시대, 그야말로 빠르고도 풍부한 정보의 바다에서 살아가고 있는 우리의 영적인 상태도 어쩌면 현대인들의 모습처럼 너무 빠르게 보고, 듣는 것에만 익숙해져 영적인 비만에 걸려 있는 것은 아닌지? 내가 좋아하는 것에만 치우치고 지식적으로 아는 것만 많아져 영적인 편견과 정죄와 교만에 빠져 있는 것은 아닌지? 나 자신과 우리 영혼의 참다운 모습을 생각해 보게 되었습니다. 너무 맛있는 음식, 편하게 즐겨 먹는 것에만 익숙해져 있는 것처럼 게으름과 편한 것으로 영적인 비만이 되어있지는 않은지 돌아보게 되었습니다.

주님의 음성과 주님의 뜻에 민감하지 못하고 일상에 무디어진 저의 모습을 보며 정신이 번쩍 들었습니다. 진정한 영혼의 웰빙(Well-Being)을 위하여 내가 할 수 있는 작은 것들은 무엇이 있을까요? 건강한 몸을 지키기 위하여 슬로우 푸드로 관리하듯 내 영혼의 건강을 위하여 이제 나만의 '영적 운동'을 시작하려 합니다. 빠르고 편리한 길 대신, 조금은 느리더라도 확실한 길. 일상의 루틴처럼 꾸준히 주님을 기다리고 만나는 연습.

인스턴트 같은 신앙이 아닌, 오래 묵어 깊은 맛을 내는 진실한 영혼의 건강을 위해 다시 한번 마음을 다잡습니다.

2009년 1월

행복은 주어지는 것이 아니라, 만들어 가는 것

인간은 누구나 행복을 꿈꿉니다. 그 행복을 찾기 위해 우리는 오늘도 분주하고 치열한 삶을 살아내고 있습니다. 하지만 정작 '행복이 무엇인가'라는 질문 앞에서는 저마다의 가치와 환경에 따라 답이 달라지곤 합니다. 최근 한 강의를 통해 제가 깨달은, 우리 삶 속에서 누릴 수 있는 '보편적이고도 진정한 행복의 원리'를 나누어 정리해 보고자 합니다.

첫째, 행복은 시간을 쓰는 방식에 있습니다. 모두에게 공평하게 주어진 '시간'을 어떻게 사용하느냐가 행복의 향방을 결정합니다. 흐르는 시간은 곧 우리 인생의 전부이기에, 이를 의미 없이 흘려보내지 않고 성실히 채워가는 태도가 필요합니다. 헛된 분주함이 아닌, 삶의 목적을 향한 의미 있는 노력이 뒷받침될 때 행복의 기반이 마련됩니다.

둘째, 소유가 아닌 '경험'에 투자하는 삶입니다. 물질은 정직하게 벌되, 버는 것보다 더 중요한 것은 '어떻게 쓰느냐'에 있습니다. 돈을 단순히 쌓아두는 소유의 도구가 아니라, 새로운 스토리를 만들어내는 경험의 도구로 사용해야 합니다. 좋은 옷은 금방 익숙해지지만, 사랑하는 이들과 떠난 여행의 추억은 세월이 흘러도 마르지 않는 이야기가 되어 우리를 풍요롭게 합니다.

셋째, 관계의 결이 행복의 농도를 정합니다. 행복은 전염됩니다. 행복한 사람이 곁에 있으면 그 기운이 내게로 스며듭니다. 반대로 우울함도 마찬가지입니다. 특히 연인, 부부, 자녀, 친구 등 가까운 이들과의 관계에서 오는 기쁨은 무엇과도 바꿀 수 없습니다. 중요한 것은 좋은 사람을 찾기 이전에, 내가 먼저 행복한 사람이 되어 타인에게 행복을 전파하는 '행복의 전도자'가 되는 것입니다.

마지막으로, 나만의 '아지트'가 필요합니다. 가정과 일터라는 삶의 무게 중심에서 잠시 벗어날 수 있는 자기만의 공간이 있어야 합니다. 차 한 잔의 여유를 가질 수 있는 곳, 음악과 책이 있는 곳, 혹은 땀 흘리며 운동할 수 있는 곳 등 어디라도 좋습니다. 온전히 나 자신을 마주하며 쉼을 얻는 그 공간이 우리를 다시 일어서게 합니다.

행복은 저 먼 미래에 있는 신기루가 아닙니다. 지금 내 곁에 숨

겨진 행복의 조각들을 발견하고, 정성껏 이어 붙이며 만들어가
는 것입니다. 오늘, 내게 주어진 시간과 물질과 관계 속에 행복의
씨앗을 심어야겠습니다.

행복은 이미 우리들의 곁에 다가와 있습니다.

행복 관련 강의를 들은 후

마음의 문을 여는 열쇠, 공감이라는 지혜

한국장로대학원 25기로 입학하여 수료 중이다. 오늘 장로대학원의 강의 주제는 상담심리학이었다. 교수님은 서로가 (상대)말로서 마음속에 있는 화를 푸는 것이 상담의 정의라고 하시며 상담에 관한 몇 가지 오해와 그릇된 대화의 예를 말씀해 주셨다.

강의를 들으며 상대방의 말과 마음을 헤아리지 못하고 내 기준과 상식과 지식만 옳다고 했던 적이 얼마나 많이 있었는지 생각해 보게 되었다. 이러한 일방적인 대화는 오히려 오해와 화를 키우고 다툼으로 이어지는 경우가 숱하게 많았다는 걸 깨닫게 되었다.

예수님은 놀라운 상담자이시며 모든 상담의 원리는 성경 속 예수님의 모습과 가르침에서 왔음을 배웠다. 특히 삭개오의 사건을 통하여 예수님 상담의 실례를 배울 수 있었다. 삭개오는 세리장으로 그 시대 가장 부유하고 권세를 가진 자였지만 이웃에

7부. 생각이 머문 자리

게는 혐오의 대상이요 왕따를 당하는 친구 없는 외로운 자였다. 즉, 행복하지 못한 자였다.

예수님이 오신다는 소식을 들은 삭개오. 진정한 행복(구원)을 찾기 위해 부끄러움을 무릅쓰고 뽕나무에 올라가는 특심과 간절함이 있었다. 이 모습을 보게 된 예수님의 모습은 어떠했는가. 먼저 삭개오에게 다가가 삭개오의 이름을 부르며 친구와 같은 친밀함을 나타내셨다. 뽕나무에서 속히 내려온 삭개오는 즐거워하며 주님을 집으로 모시곤 참회의 모습으로 자신의 과오와 죄과를 배상하겠다고 고백했다. 이러한 삭개오에게 주님은 온 집에 구원을 베푸셨다.

상담은 상대의 가장 아프고 힘든 부분을 이해하고 공감하는 것이라고 하신다. 스스로 말하고 스스로 즐거워하며 변하게 하는 것이 상담자의 역할이라고 하신다. 거기에는 지혜가 필요한데 상대방 마음의 소리를 듣고 읽고 들을 수 있어야 한다. 그 지혜는 주님께 구해야 할 것이다.

예수님을 모르던 나에게도 찾아오시고 만나주시고 만져주신 주님의 사랑을 기억하며, 조금이라도 주님의 마음으로 상대방을 이해하고 받아주는 귀와 마음을 갖기를 기도해 본다.

2022년 10월

나부터, 우리교회에서부터

류영모 목사님의 저서 「꺾이지 않는 사명」은 작은 책자로 발간되었지만 그 내용과 외침은 결코 작은 책이 아니었다. 그 어느 때보다 모든 상황과 환경들이 '전방위적 위기에 처해 있는 교회와 이 시대'를 향한 목사님의 간절한 외침을 느낄 수 있었다. 이 민족의 아픔과 교회를 품고 치열하게 고민하고 기도하며 글을 쓰시고 설교하신 내용들은 역사와 시대를 통찰하는 예언자적인 외침이요 주님의 크신 음성으로 다가왔다.

지난 한 해 동안 본 교단 총회장으로 한교총 대표회장으로 취임하기 전, "한국교회가 변하지 않으면, 달라지지 않으면, 새로운 길을 만들지 않으면 안 된다. 네가 그 길을 만들어라" 하신 주님의 음성을 심장으로 듣고 무릎 꿇고 통곡하셨다는 위임목사님의 글이 큰 감동으로 다가왔다.

새벽부터 밤늦도록 "교회를 새롭게 세상을 이롭게"라는 메시지를 담은 공적복음의 사명을 위해 소통하시며 때론 낮고 소외된 우리 이웃들의 외침에 귀 기울이며 뛰어다니셨다. 몸소 섬김과 사랑의 삶을 보여주신 목사님의 행적을 가까이에서 보고 함께 기도하며 걸어왔기에 본 도서를 통해 주신 말씀 하나 하나가 큰 울림으로 마음에 새겨졌다.

세상과 교회를 이끌어갈 참된 지도자가 그립고 목마른 시대이다. 물질과 권력에 타협하지 아니하며 세상과 소통하며 화합을 이루어가는 지도자로 하나님은 위임목사님을 준비시켜 주셨고 필요한 이 시대에 참된 지도자로 세워주셔서 인도해 가심을 보았다. 가장 어렵고 힘든 위기는 새로운 기회라고 말씀하셨다. 희망이 없어 보이는 시대에 교회가 희망을 만들어가야 한다고 힘주어 말씀하셨다. 고난의 역사, 슬픈 역사를 가진 이 민족을 하나님이 택하여 주신 은혜, 이 민족을 향해 베풀어 주신 은혜와 사랑을 잊지 말고 감사하며 교회가 이 희망을 세상에 물들여 가자고 말씀하셨다.

교회가 교회다움을 회복하는 길, 그것은 오직 예수그리스도의 복음으로, 오직 성경 말씀으로, 다시 본질로 돌아가는 것임을 새삼 깨닫게 해주셨다. 복음이 삶으로, 삶은 예배가 되도록 이제는 나부터 우리 교회에서부터 변화되고 시작해야 한다. 개인 구원과 성공과 축복에만 매달려서는 안되고, 복음과 사랑이 교회 안에 갇혀 있어서도 안 된다.

공동체와 세상과 이웃을 향하여 주님의 마음으로 복음과 사랑이 증거되고 나누어질 수 있도록 작은 헌신과 섬김의 삶을 다짐해 본다. 위기의 시대, 마지막 보루인 교회가, 부름받은 우리가 작은 물줄기가 되어 강물을 이루고 큰 바다를 이룰 때까지 모두가 더욱 힘을 모아야겠다. 꺾이지 않는 사명, 아득하기만 했던 그 희망의 길을 징검다리 하나 하나 놓으시며 달려오셨던 그 길. 이제는 꺾이지 않는 사명이 우리들과 다음 세대에게 끊임없이 이어져가는 희망의 길이 되리라.

2023년 7월

가치있게 나이 드는 법

요즈음 모처럼 여유를 맞아 독서 삼매경에 빠져 있다. 나이가 60. 환갑을 맞으니 「가치있게 나이 드는 법」(전혜성 지음)이란 책 제목이 눈에 들어왔다. 일찍이 젊은 나이에 미국 유학을 떠나 공부하며 가정과 연구 활동을 활발히 하시고 노년이 된 지금의 모습들을 통하여, 작가가 삶의 지혜와 통찰력을 주는 도서이다.

전혜성 박사는 미국에 한국이라는 국가가 잘 알려지지 않던 시절 거의 초창기 한국 유학생으로 공부하며 한국과 동양의 문화를 알리는 공부와 연구를 거듭하였다. 그 학위와 업적이 미국과 한국에서 인정받은 훌륭한 학자이시다. 또한 6명의 자녀를 훌륭하게 키워 미국 내에서 정치, 법률계의 고문으로 일하는 자녀들이 있을 만큼 안팎으로 성공한 멋진 부모요, 학자요, 박사이다.

한국인으로서의 사명감을 가지고 미약한 조국과 세상의 유익을 위하여 공부하며 모진 세월 견디며 치열하게 살아왔던 저자의 삶의 모습들이 큰 감동과 도전으로 다가왔다. 90세를 바라보는 저자의 삶과 그가 만난 많은 이들의 삶을 통하여 마지막까지 어떻게 살아가야 하는지를 생각하게 하는 글이다. 과거보다는 현재를 향한, 현재보다는 미래의 희망을 가지고 오늘을 최선을 다하여 살아가는 것이 곧 미래를 준비하며 살아가는 것이라고 말하고 있다.

진정한 성공은 자신의 욕망과 명예와 출세를 이루는 게 아니다. 내게 있는 물질과 명예와 권세들을 세상과 이웃들에게 유익이 되도록 도움이 되도록 고민하며 살아가는 게 성공일 것이다. 그러한 인생이어야 진정 가치 있는 인생이 아닐까.

나이 들어가는 것은 쇠퇴해 가는 것이 아니요, 사소하고 작은 일이라도 할 수 있는 일에 열정적으로 살아가지 못하는 것이 진정 늙어 가는 것임을 본 도서는 보여주고 있다. 노년이라도 세상에 대한 새로운 눈을 뜰 수 있도록 언제나 호기심을 가지고 배우고 도전하라 하신다. 누구에게서라도, 모두에게는 배울 게 있다며, 모든 이들을 소중하게 여기며 친구처럼 좋은 관계를 맺을 수 있도록 소통의 능력도 넓혀가라 하신다.

열정을 품고 열심히 살아가는 것이 나이 먹음의 두려움을 버릴 수 있는 방법이요, 젊음의 비결이라고도 말한다. 삶에서 실천할 수 있는 두 가지 용어와 문장들이 눈에 들어왔다.

다운사이징(downsizing). 꼭 필요하지 않은 물건은 버리거나, 필요한 사람에게 나누어주고, 생활의 규모를 단순하고 검소하게 줄여가는 것이 나이 들어갈수록 품어야 하는 지혜로운 모습이라고 한다.

어드밴스플래닝(Advance planing). 나이가 들어도 누구에게 의지하지 않고 독립적으로 살아갈 수 있도록 건강과 재물을 잘 챙기고 준비하며 살아가는 것이 가족과 타인을 사랑하는 배려임을 깨닫게 되었다.

매일 새벽마다 일어나 주어진 축복의 하루에 감사하며 묵상하고 하루의 계획과 일정들을 꼼꼼히 챙겨가시는 모습. 죽음을 예측할 수 없지만 죽음을 어떻게 준비하며 살아가야 하는지를 보여주는 저자의 모습이 지혜롭고, 아름답고, 숭고하였다.

2019년 1월

깊고 맑은 샘물을 만나

　갓 출간한 함순자 권사님의 두 번째 수필집 「초이의 노래」를 아내가 선물로 받았다. 아내는 애지중지 며칠째 책을 옆에 끼고 밤늦도록 독서 삼매경에 빠져 있다. 책을 읽어가면서 얼마나 감동하고 감탄하며 감사하는지… 그 귀한 수필집을 곁눈질하듯 내심 기다리며 넘겨받았다.

　꽃을 좋아하면 눈물이 많다고 하신 어머니의 말에 보증이라도 하듯, 권사님은 눈물이 흔하다고 하셨다. 쓰신 글들을 읽으면서 권사님의 따뜻한 마음과 꽃을 좋아하시는 권사님의 눈물이 잔잔한 감동으로 내 마음과 영혼을 적시고 있었다.

　꽃처럼, 바람처럼, 구름처럼, 때론 격동의 파도처럼 살아오신 권사님 삶의 흔적들을 소중한 필치로 풀어내셨다. 어린 동화의 시절, 그 고향이 그립고 어머님의 품속이 그리워, 시집간 언니의 따뜻한 손길에서 가족들의 사랑을 느꼈던 이야기는 먼 옛날 나의 어린 시절 내 고향, 어려웠던 내 가족들의 이야기처럼 따뜻했던 추억들을 아련히 떠오르게 하였다.

꽃다운 문학소녀의 꿈을 그 문학적 언어와 필체로 순수하고 아름답게 따뜻하게 풀어내신 권사님의 글들은 곧 어머니의 마음이요 눈물이요 사랑이기에 포근하게 감싸주는 손길로 내게도 다가왔다.

인생의 마지막을 준비하시는 마음으로 가감 없이 연약함과 부끄러움까지도 써내려간 글들은 하나님 앞에 선 자의 믿음의 고백이요 기도였기에 오늘 하나님 앞에 사는 나에게도 새로운 결심을 하게 만들었다.

걸어오신 걸음 걸음, 들풀과 꽃을 비롯한 작은 사물들과 주어진 상황과 환경, 이 모든 관계 속에서 믿음의 눈을 갖고 하늘 아버지의 마음과 사랑을 품고 견디며 살아오신 권사님의 수필집을 읽으며…

언제나 메마르고 목마르게 갈급해 왔던 부끄러운 내 심령 속에 깊고 맑은 샘물을 만난 축복이어라.

2018년 12월

삶의 발자취가 길이 되는 사람을 만나다

저는 '램랜드' 임헌순 사장님을 세 번 만났습니다. 첫 번째 만남은 한소망교회에서 매년 열리는 감사특밤(2025년 10월)이었고요. 임 사장님의 간증을 통하여 귀로 듣는 첫 번째 만남이었습니다.

두 번째의 만남은 감사특밤 이후 임 사장님이 운영하는 마포의 램랜드 식당이었습니다. 직접 만나 눈으로 보는 두 번째의 만남을 갖게 되었지요(2025년 11월).

세 번째는 친필로 사인해준 「인생학교 램랜드」라는 책자였습니다. 책자를 통하여 저자의 삶을 읽으며 마음으로 만나보는 시간을 갖게 되었습니다(2025년 12월). 나에게는 특별한 만남의 축복이었습니다.

저는 이 세 번의 만남을 통하여 멀리서부터 밀려오는 작은 물결의 감동, 그리고 격동의 파도처럼 밀려오는 가슴 벅찬 감동과 도전을 받았습니다. 어두움이 깊을수록 별빛은 더욱 밝게 빛나는 것 같이 임 사장님의 삶은 어두운 시대에 등불과도 같은 삶이었습니다. 홍수로 넘쳐나는 장마철에는 진정 먹을 물이 없다는 것처럼 목마르고 메마른 각박한 시대에 시원한 냉수 한 그릇을 담아내는 따뜻한 이야기가 담겨져 있었습니다.

그러하기에 임사장님의 삶은 샘물과도 같다는 생각이 들었습니다. 깊은 산골 작은 샘에서 솟아나는 그 샘물은 끊임없이 흐르고 흘러 흐려진 물들을 정화시키며 사랑의 물줄기를 이어가게 합니다. 사막의 고된 인생의 길을 걷다가 지친 이에게는 희망을 주는 샘물처럼 살아오신 것이죠.

어데서 그 따뜻한 마음과 진정 어린 사랑이 흘러나올 수 있었을까요. 여린 여자의 몸으로 모진 비바람 맞는 서러움을 견뎌내야 했고 어린 시절 배고픔을 견디지 못하여 받은 상처, 흐르는 눈물을 삼켜야 했던 시절, 최고보다는 최선을 다하라는 아버지의 가훈을 가슴에 품고 진실하게 성실하게 최선을 다했던 그녀의 삶.

마포 지하철 깊은 역에서 지상으로 올라온 그녀의 성공 스토리는 어찌 보면 당연한 결과요 열매일 수 있으나, "모든 것이 하나님의 은혜요 인도하심이었다"고 고백하며 감사한 마음으로 살아가십니다.

겉모습도 아름다우시지만 오드리 헵번의 마음을 닮고 싶어 그녀를 롤모델 삼아 살아오신 분이십니다.

"친절하게 말하라.
다른 사람 좋은 점만 보아라.
음식을 배고픈 사람과 나누어 먹어라.
다른 사람을 도와라.
세상은 혼자 사는 것이 아니다.
삶을 즐겁고 행복하게 살아라.
겉모습을 가꾸지 말고 내면을 가꾸어라"

어떻게 살아오셨는지 본인이 작성한 헌순이 십계명도 크게 눈에 띄었습니다

1. 지금 이순간 어떻게 사느냐가 인생을 결정한다.
2. 지금이야말로 기반을 다질 때다.
3. 자신의 향상을 위해 지나친 노력은 없다.
4. 작은 일이라도 소홀히 대하지 않는 사람은 꼭 성공한다.
5. 휴식을 취하면서 자신을 향상시켜라.
6. 한 가지 일에 온 정성을 쏟아라.
7. 자신이 몸소 배운 지식이 참된 지식이다.

8. 허영심을 향상심으로 승화시켜라.

9. 언행은 부드럽게, 의지는 굳건하게, 강하지 않으면 살아가
기 힘들다.

10. 용서받을 수 있는 거짓말을 재치있게 사용할 수 있어야 한다.

그녀가 살아온 삶의 발자취가 그녀가 누구인가를 말하고 있기에 이 시대에 본받을 만한 인생의 롤모델이요 삶의 지혜와 통찰력을 주는 분입니다.

가족과 이웃을 행복하게 하는 것이 나의 기쁨이요 행복이라고 말하며 오늘도 소외되고 어려운 자들을 내 가족이요 이웃이라고 생각하며 나누고 돌보는 분, 그 사랑을 흘려보내는 임헌순 사장님은 예수님의 마음을 품은 분이십니다.

각박한 세파에 저 역시 마음이 식어가고 사랑이 식어갈 때 네 번째, 다섯 번째 아니 계속되는 소중한 만남을 통하여 그 사랑을 본받고 실천하고 싶습니다.

2025년 12월
성탄절

여름과 가을 사이

올여름도 불볕더위가 기승을 부린 한 해였습니다. 제가 일하는 대구 현장도 며칠 동안 계속되는 더위로 온도계가 40도 가까이 치솟았습니다. 체감상으론 숨이 막히고 현기증이 날 정도라 한낮에는 밖에서의 생활이 좀처럼 엄두가 나지 않을 정도였습니다. 밤 역시 열대야 현상으로 잠 못 이루며 지친 몸을 제대로 안식할 수 없었으니 몸과 마음은 지치고 짜증도 나며 한여름을 몸살 앓듯이 보냈습니다.

시간이 흐르니 이젠 제법 아침, 저녁으로 선선한 바람이 불더니 가을이 문턱에 와 있음을 실감나게 합니다. 조금은 살맛이 납니다.

오래전 제가 존경하는 목사님이 계셨습니다. 저와 아내가 청년 시절 저희를 담당하셨던 목사님이셨지요. 그 시절 목사님이 지으신 조그만 책자를 선물로 받았습니다. 함께 했던 시절을 뒤

     7부. 생각이 머문 자리

로하고 목사님과 가족은 미국으로 목회를 떠나셨습니다. 그리고 몇 년이 흐른 어느 날 갑작스러운 비보를 받았습니다. 새벽예배를 인도하시러 교회로 가시던 중 교통사고로 목사님과 사모님이 돌아가셨다는…

오늘은 문득 목사님의 유작이 된 「부르짖음과 속삭임」이란 작은 책을 손에 잡았습니다. 오래되어 색 바랜 책장을 한 장 한 장 읽으며 목사님을 추모했습니다. 그 속에 "여름과 가을 사이에"란 글이 있습니다.

<여름과 가을 사이에>

무더워서 늘 열어 두었던 창문들이
날씨가 쌀쌀해지자
이제는 늘 닫혀 있습니다.
날씨의 자연스런 변화를 따라
창문도 아주 자연스럽게
열고 닫힙니다.
우리의 삶에서
자신을 잃지 않는 범위 내에서
열고 닫음이
이렇게 자연스러울 수 있다면

얼마나 좋을까요.

더울 때는 늘 열어 놓아 시원함으로 지내고

추울 때는 늘 닫아두고 따뜻함으로 지내는 것처럼

우리가 서로의 시원함과 따뜻함을 위하여

창문을 열고 닫음처럼

그렇게 열고 닫을 수 있다면

서로를 오갈 수 있다면

우리는 언제나 잔잔한 미소를 머금을 수 있어요

포근한 마음으로 만날 수 있어요.

<故 민만기 목사님글 중 >

풍성한 결실의 계절 살맛 나는 가을의 문턱에서

사랑하는 목사님을 추모합니다.

2006년 8월

들꽃 하나에도 담긴 하늘의 미소

"자세히 보아야 예쁘다.

오래 보아야 사랑스럽다.

너도 그렇다."

나태주 시인의 이 짧은 문장은 우리에게 참으로 귀한 진리를 일깨워줍니다. 사랑의 마음을 품고 바라보면 보잘것없는 들풀도 눈부신 꽃이 되지만, 마음이 메마르면 아무리 화려한 꽃도 한낱 잡초만 못하게 보이기 때문입니다. 들풀 같은 우리 인생을 어떤 마음과 관점으로 살아내야 하는지, 작은 풀꽃 하나가 가만히 말을 건네옵니다.

오래 전, 건축시공기술사 시험이라는 높은 산을 넘기 위해 매진하던 때였습니다. 치열한 공부의 현장이었던 일산 풍동 현장 뒤편에는 아담한 동산과 산책길이 이어져 있었습니다. 꽃과 나무들이 소담하게 어우러진 그 길은 지친 수험생이었던 저에게 사색의 공간이자 휴식의 요람이 되어주었습니다.

짬짬이 그 길을 걸으며 저는 자연 속에 숨 쉬는 하나님의 손길을 느끼곤 했습니다. 그곳은 저만의 '에덴동산'이었습니다. 천천히 길을 내딛다 보면 굳어있던 몸과 마음이 힐링되고, 어느덧 하나님과 대화하는 깊은 기도의 시간으로 이어졌습니다. 주님과 함께 거니는 듯한 그 충만함 속에서, 산책길에 피어난 작은 들꽃 하나가 얼마나 신비하고 아름답게 다가왔는지 모릅니다.

저는 매일 그 길 위의 생명들과 인사를 나누었습니다. 하루가 다르게 피어나는 들꽃들과 눈을 맞추며 "오늘도 참 아름답구나, 사랑한다" 속삭여주고, 따스한 손길로 부드럽게 쓰다듬어 주었습니다. 그러면 그 작은 생명들은 활짝 핀 미소로 저를 반겨주며 화답하는 듯했습니다. 무디고 굳어졌던 제 영혼이 부드럽고 자유롭게 만져지던, 그 경이롭고도 생생한 기억들이 지금도 가슴속에 선명히 남아 있습니다.

비바람 맞고 흔들리며 피어나는 들꽃, 그것이 바로 우리 인생입니다. 보는 이의 시선에 따라 예뻐 보이기도 하고 밉게 보이기도 하는 풀꽃처럼, 우리도 누군가의 사랑 어린 시선 속에서 비로소 진정한 가치를 발견합니다. 부족한 모습조차 예쁘게 바라봐주는 그 '사랑의 눈'이 우리를 꽃으로 살게 합니다.

자연은 오늘도 우리에게 세미한 음성으로 속삭입니다. 우리의 표정 하나, 말 한마디에도 따뜻함이 묻어나는 미소를 담으라고. 서로를 격려하고 세워주며 화목하게 살아가라고. 자연이 건네는 그 다정한 위로를 품고, 오늘 나에게 주어진 이 '풀꽃 인생'을 기쁨으로 마주해 봅니다

2018년 11월 아침

마음을 잇는 바리스타, 그대의 모닝 커피

내 사무실 탁자에는 원두를 갈아서 먹을 수 있는 핸드드립과
예쁜 색깔의 찻잔 세트가 놓여져있다.

언제부터인가
아침에 출근하여 원두커피를 내리는 것이 일상이 되었다.

원두커피의 진한 향기가 먼저 퍼져가도록
원두를 손수 핸드믹서기로 천천히 갈아 내리는 일이
하루 일과의 시작이요 즐거운 내 일상이 되었다.

아침마다 직원들이 함께 모여 모닝 커피타임을 갖는다.
찾아온 직원들과 삶의 이야기를, 오늘 해야 할 중요한 일을
즐거운 마음으로 나누며 커피타임을 갖는다.

이 시대는 빠르고 빠른 시대,

음식도 fast food로 빠르게 먹는 시대,
그만큼 숨가쁘게 돌아가는 세상이다.

그러나 내가 갖는 커피타임은 slow food이다.
커피를 천천히 갈아가며 찾아온 이와 담소를 나눈다.
뜨거운 물을 천천히 부어가며 원두커피를 내리다 보면
은은하게 퍼지는 커피 향이 모두의 마음을 따뜻하게 녹이며
마음과 마음을 열게 한다.

따뜻한 커피 한잔을 마시고 마음을 나누며
시작하는 하루의 일과는 즐겁다.

분주하고 바쁜 세상
내가 만들어 가는 작은 여유의 시간.

찾아오는 이, 누구라도 함께하며 커피 한잔 나누는 커피타임은
마음과 마음을 잇게 하며
커피 향 속에서 만들어 가는 작은 천국,

나는 멋진 바리스타이다.

2019년 9월, 현장 사무실에서

베이비 붐 세대에 태어났으니
이제 저도 신 노년이 되었습니다.
뛰어도 더 달리고 싶은 젊은 시절이 어제 같았는데
이제는 천천히 남은 시간을 헤아려 보는 나이가 되었으니
때론 세월이 아쉽고 야속하기만 합니다.

그러나
살아온 날들의 아쉬움과 그리움들을 뒤로하고
영원을 사모하는 마음이 더 커져만 갑니다.
주님 만나 뵈는 날 부끄러움 없이 설 수 있도록
남은 시간 잘 살아가기를 기도해 봅니다.

우리 시대의 유명한 한 노년 학자는
인생은 70세 때가 가장 꽃피우는 시기라고 말했습니다.
꽃피우는 인생의 시기에
뿌리고, 심은 대로 열매 맺는다는 진리의 말씀처럼
아름답고 좋은 열매 맺을 수 있도록
느리지만 열심히 배우고 몸과 마음도 관리하며
잘 살아가야겠습니다.

지금까지 하나님의 은혜로 살아왔으니
더 많이 감사하며 살아가렵니다.

많은 사랑을 받으며 살아왔으니
더 많이 사랑하며 살아가렵니다.

세상 끝날까지 함께하시겠다 약속하신 주님 손잡고
마지막까지 믿음의 길을 걸어가고 싶습니다.

함께 걸어온 길이기에
사랑하는 가족과 교회와 믿음의 가족들과
함께 손잡고
행복하고 즐겁게, 노래하고 사랑하며 걸어가고 싶습니다.

흐르는 물은 고이지 않고 썩지 않습니다.
그리고 가장 낮고 낮은 곳으로 흘러 큰 바다를 이룹니다.

어느 것에도 거슬림 없이 흘러가는 물처럼
살아가고 싶습니다.

'흐르는 물' 천명선